AF388710

INSTRUCTIONS
SUR L'ARCHICONFRÉRIE
DU SACRÉ COEUR DE JÉSUS.

Permis d'imprimer.

A. GIBERT,
Vicaire général du diocèse de Moulins.

INSTRUCTIONS

SUR

L'ARCHICONFRÉRIE

DU

SACRÉ CŒUR DE JÉSUS,

POUR LA FRANCE,

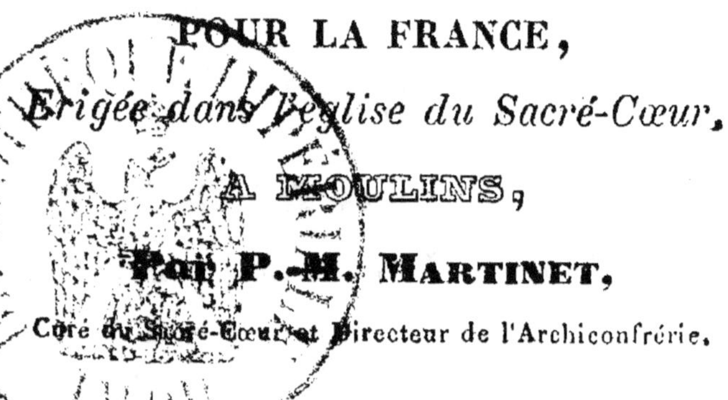

Érigée dans l'église du Sacré-Cœur,

À MOULINS,

Par **P.-M. MARTINET,**

Curé du Sacré-Cœur et Directeur de l'Archiconfrérie.

—

2e Édition considérablement augmentée.

Clermont-Ferrand,

A LA LIBRAIRIE CATHOLIQUE.

1855.

Moi

Le   185 *, ai été agrégé à l'Archiconfrérie du Sacré-Cœur de Jésus, afin de réparer par mon amour l'ingratitude des hommes à l'égard de ce divin Cœur, et de participer aux grâces et indulgences attachées à cette sainte association.*

ARCHICONFRÉRIE
DU SACRÉ CŒUR DE JÉSUS,

POUR LA FRANCE,

Erigée dans l'église du Sacré-Cœur,

A MOULINS.

CHAPITRE PREMIER.

—

De la dévotion au Cœur de Jésus.

Depuis le jour où Jésus-Christ, Dieu et homme tout ensemble, est mort sur la croix pour racheter les hommes, les délivrer des peines éternelles et leur mériter le ciel, les Chrétiens ont vénéré les saintes plaies du Sauveur, et surtout celle de son côté; ils ont honoré son amour immense pour nous. Puisque le cœur est le siége et l'organe de cet amour infini, puisque la fin principale de la dévotion au Cœur de Jésus est de reconnaître sa charité sans bornes, nous pouvons donc dire, avec l'auteur du *Mois du Sacré-Cœur*, que cette dévotion est aussi ancienne que le christianisme,

C'est le vendredi saint que ce Cœur divin a été percé sur la croix par la lance d'un soldat, et a répandu du sang et de l'eau, qui nous représentent les sacrements ; c'est de ce Cœur, comme d'une source intarissable, que découlent toutes les grâces qui, par les sacrements, purifient, sanctifient nos âmes, leur communiquent une vie surnaturelle et immortelle ; si nous connaissions le Cœur de Jésus-Christ, les sources abondantes de sainteté qu'il renferme, le prix inestimable de ses prérogatives, nous ne cesserions jamais de le louer, de l'aimer et de l'invoquer. Qui pourrait énumérer toutes les grâces ineffables que tant de saints ont reçues par le Cœur de Jésus ? Y a-t-il un objet plus digne de notre vénération, de notre amour sans bornes, que ce Cœur toujours uni à la Divinité, qui ne cesse de répandre sur tous les hommes les bénédictions les plus abondantes ? Où trouver un cœur plus saint, plus grand, plus généreux, plus tendre ? N'est-ce pas ce Cœur qui communique à tous nos cœurs quelque faible partie de sa bonté, de sa charité infinie? Si nous perdons une personne qui nous est chère, nous tenons principalement à conserver son cœur, parce que le cœur est tout l'homme, parce que ce cœur nous rappelle les sentiments de bonté, de générosité, de dévouement, qui nous portaient à estimer, à admirer, à aimer l'ami que la mort nous a enlevé.

On ne sera donc pas étonné que les Chrétiens aient eu une dévotion spéciale pour le Cœur de Jésus, et qu'ils aient eu recours à ce divin Cœur pour y puiser des grâces de force, de consolation, de sanctification. En effet, on trouve des traces de cette dévotion dans les saints les plus vénérés, dans saint Bernard, saint Bonaventure, sainte Thérèse, saint François de Sales. Mais ce n'est qu'à la fin du 17me siècle que l'Eglise jugea à propos de faire rendre à ce Cœur divin un culte public et solennel. Elle a institué une fête en son honneur, qu'on célèbre le premier vendredi après l'octave de la Fête-Dieu ; elle a établi des associations, des confréries destinées à rendre au sacré Cœur des hommages de reconnaissance et de réparation. Elle engage les Chrétiens à lui consacrer le premier vendredi de chaque mois surtout, et tous les vendredis, parce que c'est en ce saint jour que ce Cœur a souffert, par amour pour nous, toute sorte de peines morales et physiques. Jésus-Christ, du haut de la croix, semble nous adresser à tous ces douces paroles : *Entrez dans ce Cœur qui vous aime tendrement, ayez recours à mon cœur dans toutes vos peines, après votre péché, et vous serez soulagés, pardonnés, consolés.* Ainsi la raison, le bon sens, l'autorité de l'Eglise nous démontrent que la dévotion au Cœur de Jésus est sainte, est raisonnable, est solide, est propre à exciter notre amour pour Dieu, notre confiance en Jésus-Christ.

Mais il est nécessaire d'ajouter que la dévotion au sacré Cœur a pour auteur Jésus-Christ même. En effet la vénérable Marguerite-Marie, religieuse au couvent de la Visitation à Paray, étant aux pieds du Saint-Sacrement, Notre-Seigneur lui apparut sur l'autel, en lui découvrant son Cœur, et lui dit : *Voici*

*ce Cœur qui a tant aimé les hommes ;
et pour reconnaissance je ne reçois de
la plus grande partie que des ingratitudes. C'est pour cela que je te demande
que le premier vendredi après l'octave
de la Fête-Dieu soit dédié à une fête
particulière pour honorer mon Cœur,
en lui faisant réparation d'honneur par
une amende honorable.* On ne sera pas
surpris que Dieu lui-même ait daigné
apparaître à cette âme privilégiée, et lui
faire cette révélation. On ne saurait refuser à Dieu le pouvoir de communiquer
ses volontés à ses créatures, puisque
c'est lui qui a donné aux hommes le
pouvoir de se communiquer mutuelle-
ment leurs pensées. Aussi cette révélation faite à Marguerite-Marie a-t-elle été
reconnue véritable par les hommes les
plus recommandables par leur science
et leurs vertus. Ainsi les motifs les plus
puissants doivent donc porter tous les
Chrétiens à honorer d'une manière
toute particulière le Cœur de notre
bon et divin Maître.

En quoi consiste la dévotion au sacré Cœur.

L'objet *sensible* de cette dévotion est le cœur même de Jésus, toujours uni à la divinité ; l'objet *spirituel*, c'est l'amour infini du Sauveur pour les hommes. L'expérience prouve que c'est par les sens, les yeux surtout, que les bonnes et les mauvaises pensées pénètrent dans nos âmes, qu'elles y font une vive impression. C'est pourquoi on expose à nos regards le Cœur de Jésus environné d'une couronne d'épines, d'où sortent une croix, des flammes ; la vue de ce Cœur blessé pour nous, enflammé d'amour, n'est-elle pas propre à nous rappeler la bonté de Jésus pour nous, à nous toucher, à nous porter à la plus vive reconnaissance ?

La fin de cette dévotion, c'est de reconnaître cet amour de Jésus par notre dévouement, par nos sacrifices, par tous les moyens possibles ; c'est de réparer cet amour oublié, outragé, par des amendes honorables, par la consécration de tout ce que nous sommes au Cœur de Jésus.

Un moyen pour répondre à l'amour de notre Sauveur pour nous, c'est de faire inscrire notre nom sur le registre de l'archiconfrérie du Sacré-Cœur érigée par notre Saint Père le Pape dans l'église du Sacré-Cœur, à Moulins. N'est-ce pas un grand honneur pour nous d'avoir notre nom inscrit sur ce registre des Chrétiens les plus dévoués à ce Cœur digne de tous nos hommages? Jésus-Christ nous bénira, nous récompensera de n'avoir pas rougi de paraître ses disciples. Ne serait-ce pas une honte pour nous de refuser de reconnaître, d'honorer, d'aimer le plus tendre, le plus puissant, le meilleur des pères?

CHAPITRE II.

Qu'est-ce que l'Archiconfrérie du Cœur de Jésus.

L'archiconfrérie étant établie dans l'église du Sacré-Cœur, cette église devient par cela même le centre et le siége principal de la dévotion au divin

Cœur. Le Cœur de Jésus a donc fixé sa demeure spéciale dans ce nouveau temple, d'où il répandra ses grâces spirituelles et temporelles dans tous les diocèses de France, dans les âmes des fidèles; c'est dans ce temple que les Chrétiens se rendront comme au pèlerinage le plus vénéré, comme dans le lieu le plus saint, pour recueillir les dons les plus précieux du Cœur de Jésus; chacun se fera donc un bonheur, une consolation de le visiter et d'assister aux exercices de l'archiconfrérie qui s'y pratiquent et que nous indiquons plus bas. C'est à peu près dans les termes suivants que s'exprimait un prêtre éloquent et pieux, prêchant sur les avantages de cette archiconfrérie : *Cette nouvelle église, si remarquable par son architecture, devient encore plus belle et plus vénérable par l'érection de l'archiconfrérie. Le sacré Cœur l'a choisie pour son premier et son plus cher sanctuaire, où il s'est fixé comme un soleil dont les rayons ardents, purs et lumineux, vont éclairer le monde, illuminer les âmes, les sanctifier, les enflammer d'un amour divin ; plus on se rapprochera de ce foyer divin, plus on en ressentira les douces influences.* L'archiconfrérie est ainsi appelée parce qu'elle est la mère et la première de toutes les confréries du Sacré-Cœur. C'est à elle que s'adresseront les pasteurs pour que les confréries du Cœur de Jésus puissent jouir des nouvelles indulgences et des grâces spéciales attachées à cette archiconfrérie. Le souverain Pontife engage les évêques de France à y affilier toutes les confréries du Cœur de Jésus établies ou qui s'établiront en France. Pour donner une idée de l'excellence de cette archiconfrérie, il suffit de dire que notre Saint Père le Pape a daigné l'enrichir de douze nouvelles indulgences plénières dont ne jouit pas même celle de Rome.

Il est donc évident que Sa Sainteté, en accordant au diocèse de Moulins, à la France, l'insigne faveur de cette association générale, a eu l'intention de ranimer la dévotion au Cœur de Jésus, de donner un nouvel aliment à la ferveur et à la piété des Chrétiens, surtout dans notre patrie ; il a voulu récompenser la

France de son zèle à propager le culte du sacré Cœur. Il a désiré reconnaître la charité de tant de personnes de toutes les parties de la France qui ont contribué à élever la première église du Sacré-Cœur, dont la beauté répondra en quelque sorte à l'amour infini de Jésus-Christ. Enfin le Saint-Père a érigé cette archiconfrérie à Moulins, parce que, comme il le dit dans le bref d'érection, *la dévotion du sacré Cœur a commencé à Moulins*, puisque les pratiques en l'honneur de ce Cœur, révélées à Marguerite-Marie, ont éé faites d'abord dans cette ville, dans la chapelle de la Visitation.

D'après tous ces motifs, on conviendra que cette église du Sacré-Cœur, que l'archiconfrérie qui y est érigée, sont une œuvre grande, nationale, qui doit intéresser tous les Chrétiens, mais surtout les Français. Ils mettront donc leur gloire à rendre cette église magnifique digne d'être la première, le siége, la mère de toutes les associations du Sacré-Cœur. Nous répondrons à la faveur que le Saint-Père nous a faite, et nous ferons nos efforts pour que les effets, les succès de l'archiconfrérie, soient dignes de son noble titre. Prêtres et laïcs, réunissons-nous pour faire apprécier l'excellence de cette grâce, en faisant au plus tôt inscrire nos noms sur le registre de cette sainte association, en assistant aux exercices publics, aux messes que l'on dit chaque semaine pour les associés.

CHAPITRE III.

Réfutation des prétextes qu'on apporte pour ne pas être membre de l'Archiconfrérie.

Quelques personnes ont cru qu'il n'était pas utile de donner son nom à cette archiconfrérie, parce que, disent-elles, elles sont déjà d'autres confréries du Sacré-Cœur affiliées à celle de Rome. Si elles veulent bien lire avec attention ce petit écrit, elles se convaincront qu'il est bien avantageux pour elles d'être inscrites sur le registre de l'archiconfrérie érigée à Moulins. Nous le pensons ainsi : 1° parce qu'elle possède douze indulgences plénières dont ne jouit pas même celle de Rome ; 2° parce qu'un sentiment de piété bien naturel nous porte à croire qu'il y a toujours des grâces spéciales attachées au siége de l'archiconfrérie. Beaucoup de personnes, quoiqu'elles soient déjà des confréries du Cœur de Jésus et de Marie, ont la dévotion de se faire inscrire sur les registres de l'archiconfrérie du Cœur de Jésus à Rome, et de celle du Cœur de Marie à Notre-Dame-des-Victoires. C'est par ce pieux motif que le clergé de Moulins, Monseigneur et les deux grands-vicaires à la tête, s'est empressé de s'associer à cette nouvelle archiconfrérie ; 3° parce que tous les fidèles de ce diocèse surtout et des autres diocèses doivent sentir qu'il est de leur honneur et de leur avantage spirituel d'étendre, de glorifier cette archiconfrérie, et de correspondre par là au désir du Souverain Pontife, qui veut que nous fassions tous nos efforts pour faire valoir la grâce que dans sa bonté il a concédée à la France, grâce à laquelle sont attachées les bénédictions les plus abondantes. Vous apprécierez encore plus cette faveur du Saint-Père, lorsque vous saurez que plusieurs Evêques et communautés religieuses ont fait des démarches afin d'obtenir du Pape l'érection de l'archiconfrérie du Cœur de Jésus, pour leurs diocèses, et ils n'y ont renoncé que lorsqu'ils ont eu connaissance que Sa Sainteté avait daigné l'accorder à Moulins. Nous ne devons donc avoir qu'un seul désir, celui de profiter des dons célestes qui nous sont offerts; et nous n'aurons qu'une seule crainte, celle d'y être infidèles. — Il y a d'autres pieux fidèles qui n'osent se mettre de cette archiconfrérie, craignant de ne pas en remplir les obligations, parce qu'ils sont membres d'autres confréries. Nous pouvons rassurer les uns et les autres en leur disant que la principale obligation de chaque associé est de réciter chaque jour, *Notre Père, Je vous salue, Je crois en Dieu*, et cette prière : *Divin cœur de Jésus embrasez-moi de votre amour.* Y a-t-il une pratique plus facile et plus courte? Ce qui doit vous tranquilliser, c'est que, si vous manquez à cette pratique, vous ne péchez point, mais seulement vous vous privez des grâces et des indulgences.

Vous êtes, dites-vous, de plusieurs confréries. Permettez-moi de vous rappeler que l'archiconfrérie du Cœur de Jésus est la plus excellente, la plus avantageuse de toutes, puisque nous pouvons affirmer que toutes les autres tirent leur vertu de celle-ci. En effet, Notre-Seigneur nous exhorte tous à honorer son Cœur d'un culte particulier, comme étant la source de tous les dons surnaturels, de toutes les vertus qui ont fait du cœur de Marie un chef-d'œuvre. Jésus-Christ s'est engagé par une promesse solennelle à bénir, à protéger celui qui sera dévoué à son Cœur. D'après le sentiment des personnes les plus distinguées par leur savoir et leur piété, Dieu, dans sa grande miséricorde, a révélé dans ces derniers temps la dévotion au sacré Cœur, qui n'est que charité, comme le moyen le plus sûr pour obtenir le pardon de ses péchés, comme le moyen le plus efficace pour réveiller dans les cœurs l'amour divin, la charité chrétienne.

C'est pourquoi Jésus-Christ vous invite tous, justes et pécheurs, à vous consacrer dans l'archiconfrérie à son Cœur infiniment aimable. Peut-être n'en remplirez-vous pas fidèlement toutes les obligations; que cette pensée ne vous arrête pas, ne vous décourage pas; vous aurez toujours quelque part aux prières de tant de pieux et zélés associés qui prieront pour vous ce Cœur si bon de notre Sauveur. Ce souvenir que votre nom est écrit dans le livre des confrères du Cœur de Jésus, sera pour vous plus tard un motif puissant pour mieux faire, pour exciter votre confiance dans la miséricorde divine, Cette petite prière que vous voudrez bien réciter chaque jour, le matin ou le soir, deviendra peut-être la cause de votre salut éternel : *Divin cœur de Jésus, embrasez-moi de de votre amour.*

Aux personnes qui s'imagineraient qu'elles peuvent honorer le sacré Cœur et obtenir toutes ses faveurs sans être membres de l'archiconfrérie, je me permettrai de répondre que leur erreur vient de ce qu'elles ignorent les avantages inappréciables des congrégations approuvées par l'Eglise, et en particulier de l'archiconfrérie du Cœur de Jésus.

Notre saint Père le Pape, connaissant l'inconstance de l'homme, du Chrétien, qui est porté au relâchement, afin de fixer son inconstance, de le faire sortir de sa tiédeur, a institué des associations auxquelles il a attaché des secours spéciaux, des grâces spirituelles abondantes, auxquelles il accorde de grandes indulgences. Il n'y a que ceux qui font partie de ces pieuses réunions qui aient part à ces dons célestes; peut-être ne connaissez-vous pas le prix et le mérite des indulgences, des prières des associès; priez Dieu de vous faire comprendre le besoin pressant que vous en avez pour votre salut, pour votre bonheur éternel. Lisez avec attention l'explication et le détail de ces grâces, de ces indulgences que nous vous donnons à la fin de ce petit livret; et cette lecture attentive vous inspirera les regrets d'avoir tardé si long-temps de profiter de ces faveurs que l'Eglise vous départ avec tant de générosité. — Si donc votre nom n'est pas encore inscrit sur le registre de l'archiconfrérie, hâtez-vous de l'y faire inscrire.

CHAPITRE IV.

Résumé des motifs qui doivent porter non-seulement les âmes pieuses, mais encore tous les Catholiques, à accélérer par tous les moyens possibles l'achèvement de l'église du Sacré-Cœur, et à favoriser le succès de l'Archiconfrérie.

Le lundi de Pâques, en 1844, Monseigneur de Pons a bénit la première pierre de cette église, qu'il a dédiée au sacré Cœur de Jésus. L'empressement que les habitants de Moulins et des communes voisines mirent à se rendre à cette cérémonie, fit bien augurer de cette sainte entreprise.

Le 3 juin 1853. Monseigneur de Dreux-Brézé a bénit la chapelle de la Sainte-Vierge de l'église du Sacré-Cœur, en présence d'un nombreux clergé, des autorités civiles et militaires et d'une foule de fidèles accourus à cette pieuse cérémonie. Après y avoir célébré les saints Mystères, après la lecture des brefs du Saint-Père, Sa Grandeur a déclaré qu'elle érigeait, par autorité apostolique, dans cette nouvelle église, l'archiconfrérie du Sacré-Cœur pour toute la France, et qu'elle avait la confiance que cette association deviendrait la source de toutes sortes de bénédictions, surtout pour son diocèse.

Est-il un Français, est-il un Catholique qui ne doive faire les vœux les plus ardents pour le prompt achèvement de cette église? Tous, nous en sommes persuadé, prêtres et laïcs, réguliers ou séculiers, voudront apporter leur pierre à cet édifice, lorsqu'ils sauront que sa construction est une œuvre on peut dire miraculeuse, qu'il est la première église paroissiale et monumentale dédiée au Cœur de Jésus, et qu'enfin notre Saint-

Père le Pape a daigné y ériger la plus excellente, la plus précieuse de toutes les archiconfréries.

Pour la gloire de Dieu et du cœur de notre divin Maître, nous ne craignons pas de publier que la réussite de cette entreprise est prodigieuse. On s'en convaincra d'après le court exposé des faits et d'après l'aveu de tous ceux qui en sont et qui en ont été les témoins.

Mon église paroissiale, qui a pour patron saint Nicolas, est un vieux bâtiment ruiné, dégradé, trop étroit, et qui n'a que la forme d'une grange. J'étais désolé de ce que Dieu n'avait pour demeure qu'une masure, surtout dans une grande ville, où tous les édifices civils sont dignes de la capitale de l'Allier. Etant un jour aux pieds du Saint-Sacrement, le Seigneur m'inspira, dans sa miséricorde infinie, le projet d'élever une nouvelle église. Je n'avais aucune ressource pour commencer, et cependant je me sentais poussé par une voix intérieure qui semblait sortir du tabernacle, à mettre la main à l'œuvre, à tout attendre de la protection du

Ciel. Persuadé que telle était la volonté de Jésus-Christ, avant tout je songeai à recommander la réussite de cet important projet aux âmes pieuses, aux communautés religieuses. J'étais bien résolu, avec la grâce de Dieu, à ne reculer devant aucun obstacle. Les difficultés ne manquent pas de surgir de tout côté. Par là Dieu a voulu nous prouver qu'on ne peut opérer le bien sans peine, sans de grandes fatigues ; et, multipliant des obstacles presque insurmontables, il a voulu nous apprendre à ne mettre notre appui qu'en lui et à ne jamais nous glorifier de nos succès.

Qu'ai-je fait pour me procurer des ressources ? J'ai ouvert une souscription, j'ai prêché, j'ai fait des quêtes dans notre diocèse, dans d'autres diocèses. J'ai pu former à Paris une commission de personnes recommandables, qui mettent le plus grand zèle à recueillir des fonds, à appuyer mes demandes et mes démarches. Messeigneurs les Evêques d'Autun, de Rodez, d'Orléans, les pères Lacordaire, Lavigne, Lefebvre, etc., appréciant la grandeur de notre œuvre, ont fait entendre en sa faveur leurs voix éloquentes. Dieu a daigné bénir mes pas, mes demandes, mes fatigues continuelles, en permettant que les fonds recueillis par mes quêtes et les souscriptions se montassent à plus de trois cent mille francs. Qui a donc soutenu mon courage pendant quatorze ans d'épreuves et de sollicitudes de tout genre? Dieu seul. Qui m'a donné les moyens de réussir? Dieu seul. Qui m'a inspiré cette confiance qui ne s'est pas démentie? Le désir de procurer la gloire du cœur de Jésus, et l'appui que j'avais mis dans la protection de ce divin Cœur.

Mais si Dieu a manifesté sa protection dans les dons particuliers qui m'ont été faits, il ne l'a pas moins manifestée dans les secours inespérés que j'ai obtenus de l'Etat, du département et du Conseil municipal. Après bien des délais, des refus réitérés, l'Etat, le Conseil général, le Conseil municipal, touchés, nous osons le dire, de notre dévoûment, admirant la beauté du monument et cédant au vœu général, ont coopéré à notre œuvre avec une générosité tout-à-fait louable.

En élevant ce temple, de la réussite duquel presque tous doutaient, Dieu a voulu, n'en doutons pas, faire connaître et glorifier le cœur de notre divin Maître, et il le glorifiera encore en permettant qu'il se finisse dans toutes ses parties. Il deviendra un monument éclatant et perpétuel de la bonté et de la puissance du Cœur de notre Sauveur; et, à la vue de ce temple magnifique par son architecture du treizième siècle, tous répèteront, avec les sentiments de la plus vive reconnaissance : *Le doigt de Dieu est là; aimons, honorons, invoquons le Cœur de Jésus, qui a fait éclater sa puissance dans l'érection de cette première église remarquable qui lui a été dédiée.*

La construction de cette église est encore une œuvre providentielle, si l'on fait attention qu'elle est la première église paroissiale et monumentale élevée en l'honneur du cœur de Jésus.

Dès l'année 1839, j'avais le projet de bâtir une église, et de la dédier à saint Nicolas, patron de l'ancienne église. Les pensées des hommes ne sont pas celles de Dieu, qui, de toute éternité, avait arrêté que la nouvelle église serait dédiée au Cœur de Jésus.

En effet, le Père Nivet, jésuite, prêchant dans notre vieille église, en 1842, pour la fête du Sacré-Cœur, s'arrête subitement au milieu de son sermon, en disant : *Il me vient une pensée qui vous sera agréable : je vous propose de consacrer au Cœur de Jésus l'église que vous devez bientôt fonder ; elle sera la première dédiée à ce divin Cœur. Moulins, étant le centre de la France, deviendra aussi la demeure principale du Cœur de Jésus.*

Je remerciai le Père Nivet de son heureuse idée, en lui disant : *Vous avez bâti notre église : le Cœur de Jésus, à qui nous la dédierons, fera ce miracle.*

Sans crainte d'être téméraire, ne peut-on pas affirmer que cette pensée du Père Nivet vient du Ciel ? Nous sommes d'autant plus porté à le croire, que Moulins était autre fois du même diocèse que Paray-le-Monial, où Notre-Seigneur a révélé la dévotion à son sacré Cœur ;

qu'elle est la ville épiscopale la plus rapprochée de Paray ; que c'est à Moulins qu'est morte sainte Chantal; et qu'enfin c'est à Moulins, dans le couvent de la Visitation, qu'ont été faites en premier lieu les pratiques en l'honneur du Cœur de Jésus, révélées par Notre-Seigneur à Marguerite-Marie. Aussi, dans la chapelle du couvent de la Visitation, y a-t-il un autel dédié au Cœur de Jésus et un tableau qui représente l'apparition du Sauveur à Marguerite-Marie. On croit communément que c'est là le premier autel élevé et le premier tableau peint en l'honneur du sacré Cœur.

Tant de circonstances réunies et si frappantes ne doivent-elles pas nous persuader que la volonté particulière de Dieu était que le premier temple monumental consacré au Cœur de Jésus fût élevé à Moulins, et qu'il veut que, dans ce nouveau temple, tous les Catholiques viennent lui rendre un culte spécial et réclamer ses grâces et ses faveurs ? C'est pourquoi le Seigneur a permis que cet édifice fût digne de la fin à laquelle il le destinait. En effet, par la beauté de son architecture, par la perfection et l'harmonie de toutes ses parties, il ravit tous les regards, il captive l'admiration d'une foule de personnes qui viennent le visiter.

Mais ce qui doit encore augmenter notre intérêt pour cette église, c'est l'archiconfrérie du Sacré-Cœur que le Souverain Pontife vient d'y ériger. Moulins est, après Rome, la seule ville, dans le monde catholique, qui jouisse de ce glorieux privilége. Une faveur si signalée ne doit-elle pas nous inspirer la ferme confiance que Dieu a des vues de miséricorde sur le diocèse de Moulins, sur toute la France? On croit, on répète avec raison que la dévotion au sacré Cœur sauvera le monde, réveillera la foi presque éteinte. Le moment où ce Cœur si bon et si puissant doit opérer ce merveilleux changement, pour le bien de la religion et de la société, ne serait-il pas arrivé? Ce nouveau temple, cette archiconfrérie, ne seraient-ils pas, dans les desseins de la Providence, les moyens dont elle se servira pour ramener tous les esprits, tous les cœurs à la véritable religion? Espérons-le fermement, et pour cela secondons les vues de cette Providence admirable, en hâtant l'achèvement de ce beau temple, en favorisant l'extension de l'archiconfrérie, en usant de toute notre influence pour la faire connaître, apprécier de tous les Chrétiens. Regardons donc cette église comme une œuvre catholique, nationale, à laquelle chacun doit être jaloux de coopérer. Terminons-la au plus tôt, afin que les exercices de l'archiconfrérie, se faisant avec plus de pompe et de solennité, attirent un plus grand nombre de fidèles et opèrent un bien plus prompt et plus efficace. Les prières publiques générales et continuelles qui seront adressées, dans ce nouveau temple, au Cœur de Jésus, au nom de toute la France, ne feront-elles pas tomber en abondance les bénédictions du Ciel sur notre patrie, sur le monde entier? Les faveurs du Souverain Pontife ne sont jamais infructueuses : efforçons-nous de les faire valoir.

Nous devons faire observer que les fonds votés, soit par le département,

soit par le Conseil municipal, ne suffiront pas même pour terminer les grosses constructions de l'église du Sacré-
Cœur, et que, après ces constructions
terminées, une somme considérable
nous sera encore nécessaire pour les
sculptures, les autels, les vitraux, etc.
Nous recevrons donc, avec la plus vive
reconnaissance, tous les dons, même
les plus minimes, que la piété portera
à faire, soit pour la construction de
l'église, soit pour les sculptures, les autels, etc.

On dit à perpétuité douze messes pour
les bienfaiteurs ; on récite publiquement, chaque semaine, à leur intention,
le rosaire en entier.

Cinquante-deux messes sont dites
chaque année pour les associés vivants
de l'archiconfrérie, et vingt-quatre messes pour les associés défunts. Les bienfaiteurs ont une part spéciale à ces
messes.

Quelques personnes ont déjà fait des
fondations de messes dans l'église du
Sacré-Cœur, ont donné des vitraux pour
les parties de l'église qui sont achevées ;

que notre divin Sauveur daigne inspirer à tant d'âmes pieuses la même pensée de faire de semblables dons, et de faire des fondations de messes dans cette église, qui devient le siége de la dévotion au sacré Cœur de Jésus!

Je terminerai ce chapitre par citer les paroles d'un célèbre prédicateur. Le R. P. Lacordaire prêchait à Paris, dans l'église de Saint-Roch, un sermon de charité en faveur de l'église du Sacré-Cœur. Après avoir démontré, avec son éloquence eutraînante, que nous trouvons dans la dévotion au Cœur de Jésus les remèdes à tous les maux de la société, il s'exprime à peu près en ces termes : « Il s'élève à Moulins une magnifique église dédiée au Cœur de Jésus. Que tous les Français se réunissent pour la construire, afin qu'elle devienne un monument de notre dévotion au Cœur de notre Rédempteur. C'est à ce divin Cœur que Louis XVI, le roi martyr, consacra la France. Les vœux du saint roi ont été exaucés, et nous pouvons affirmer que c'est à la protection de ce Cœur bon et puissant que le royaume très-chrétien doit d'avoir été préservé des suites funestes du schisme et de l'hérésie. C'est à la protection si signalée du Cœur de notre Sauveur que notre patrie est redevable d'avoir échappé à de plus grands maux. Soyons donc reconnaissants, et hâtons-nous d'achever, pour la gloire du Sacré-Cœur, cette église remarquable qui s'élève à Moulins, dans le centre de la France. Les flèches de ce nouveau temple, qui s'élanceront dans les nues, deviendront le témoignage le plus éclatant de notre reconnaissance pour le Cœur de Jésus, qui répandra sur nous des grâces nouvelles et des bénédictions plus abondantes. »

CHAPITRE V.

Exercices publics et religieux de l'Archiconfrérie. — Indulgences qui y sont attachées.

1° Tous les vendredis de l'année, à neuf heures, on dit, en été, une messe dans la nouvelle chapelle de la sainte Vierge de l'église du Sacré-Cœur pour tous les confrères vivants, et, en hiver, on la dit dans l'ancienne église. À cette messe, on recommande les malades, les pécheurs; on prie pour les besoins particuliers et généraux, on fait une courte allocution et on lit l'amende honorable au Sacré-Cœur. Tous les vendredis soir, en été à sept heures et un quart, et en hiver à trois heures, on récite les litanies du Sacré-Cœur et on lit la consécration au Sacré-Cœur, qui est suivie de la bénédiction solennelle du Saint-Sacrement. Le premier et le troisième lundi de chaque mois, on dit, à neuf heures, une messe pour les confrères défunts, et à la messe on nommera ceux qui seront morts dans le mois.

2º Le premier vendredi de chaque mois, le soir, à sept heures et un quart, depuis le premier vendredi d'avril jusqu'au premier vendredi de septembre inclusivement, on fait une instruction dans l'ancienne église; on lit la consécration au sacré Cœur, et on termine par la bénédiction solennelle du Saint-

Sacrement. Et, depuis le premier vendredi d'octobre jusqu'au premier vendredi de mars inclusivement, l'instruction et la bénédiction ont lieu à trois heures.

3° Chaque année, durant le mois de juin, on fait publiquement, dans l'ancienne église, le soir, à sept heures et un quart, les exercices du mois du Sacré-Cœur de Jésus. Après la lecture du *Mois du Sacré-Cœur*, il y a une courte instruction, suivie de la bénédiction du Saint-Sacrement. Le premier et le dernier jour du mois, on donne la bénédiction solennelle.

4° On célèbre chaque année avec pompe la fête du sacré Cœur, qui est fixée au premier vendredi après l'octave de la Fête-Dieu. Comme préparation à cette solennité, on fait publiquement, dans l'ancienne église, une neuvaine qui commence le jeudi, jour où tombe la Fête-Dieu, et qui se termine le jour du Sacré-Cœur.

Les exercices de la neuvaine sont, le matin à neuf heures, la messe suivie de quelques prières au Sacré-Cœur ; et le soir, à sept heures et un quart, une instruction suivie de la bénédiction solennelle du Saint-Sacrement.

Le Souverain Pontife accorde une indulgence partielle aux confrères qui assisteront aux messes et aux autres pratiques de l'archiconfrérie. Son intention manifeste est de leur faire estimer l'avantage que les prières faites en commun et dans l'église du Sacré-Cœur, où est le siége de l'archiconfrérie, ont sur celles que l'on fait en son particulier. Les associés feront donc ce qui dépendra d'eux pour assister à ces exercices de l'archiconfrérie. Si la maladie, ou l'absence, ou d'autres raisons les empêchent, ils s'uniront toujours d'intention aux prières des confrères.

Indulgences attachées à l'Archiconfrérie.

Lorsqu'on a le bonheur de gagner les indulgences, Dieu accorde, en tout ou en partie, la rémission des peines temporelles qu'on doit subir pour l'expiation de ses péchés. Chaque associé peut appliquer toutes les indulgences qu'il gagne aux âmes du purgatoire.

Les indulgences dont jouit cette archiconfrérie sont ou plénières ou partielles.

Indulgences plénières.

1º Le jour de Noël, le jeudi saint, Pâques, l'Ascension, fête de tous les Saints, la commémoration des morts ; les fêtes de la Conception, de la Nativité, de la Purification, de l'Annonciation et de l'Assomption de la sainte Vierge ; les fêtes de saint Pierre et de saint Paul, de saint Joseph, de saint Jean l'évangéliste, de saint Grégoire-le-Grand. Pour gagner ces indulgences, il faut visiter l'église de l'archiconfrérie, et, si on ne le peut, faire une œuvre de piété désignée par le confesseur.

2º Le jour de son entrée dans l'association, le jour de la fête du Sacré-Cœur, les six vendredis ou les six dimanches qui précèdent la fête du Sacré-Cœur, le premier vendredi ou le premier dimanche de chaque mois, un jour dans le mois, à son choix, à l'article de la mort, sous la condition d'invoquer intérieurement le saint nom de Jésus, si on ne peut le faire de bouche ; un jour qu'on aura choisi dans l'année, pourvu qu'en ce jour on fasse, pendant une heure, des prières en l'honneur du Cœur de Jésus, et qu'on visite l'église de l'archiconfrérie.

Outre ces indulgences, Pie IX a accordé à l'archiconfrérie de Moulins douze indulgences plénières, dont ne jouit pas celle de Rome, savoir, une chaque mois, un jour à son choix.

On peut donc choisir deux jours par mois pour gagner les indulgences plénières.

Indulgences partielles.

1º Trente ans et autant de quarantaines, les trois jours d'après Noël, aux fêtes de la Circoncision et de l'Epiphanie ; les dimanches de la Septuagésime, de la Sexagésime et de la Quinquagésime ; le vendredi et le samedi saints, tous les jours de l'octave de Pâques, le dimanche de Quasimodo, les jours de saint

Marc et des Rogations, le jour de la pentecôte et pendant toute l'octave ;

2º Vingt-cinq ans et vingt-cinq quarantaines le dimanche des Rameaux ;

3º Quinze ans et quinze quarantaines le jour des Cendres, le quatrième dimanche de Carême, le troisième dimanche de l'Avent, la veille de Noël, à la messe de minuit et à celle de l'aurore ;

4º Dix ans et dix quarantaines le premier, le deuxième et le troisième dimanche de l'Avent, tous les jours de Carême non exprimés dans ce que nous venons de dire, la veille de la Pencôte et les trois jours des Quatre-Temps, aux quatre saisons de l'année ;

5º Sept ans et sept quarantaines les jours des autres fêtes de la sainte Vierge et des Apôtres dont on n'a pas encore parlé, chaque jour de la neuvaine qui précède la fête du Sacré-Cœur. Pour participer aux indulgences énoncées dans ces cinq numéros, il faut visiter l'église de l'archiconfrérie, et, si on ne le peut, faire une œuvre de piété désignée par le confesseur : il suffit que le confesseur assigne, une fois pour toutes, une œuvre quelconque.

6º Sept ans et sept quarantaines les quatre dimanches qui précèdent immédiatement la fête du Sacré-Cœur ;

7º Soixante jours pour chaque œuvre de piété que feront les confrères, savoir : chaque fois qu'ils assisteront aux messes, aux bénédictions, aux exercices de l'archiconfrérie, à toute procession quelconque autorisée par l'Ordinaire ; qu'ils donneront l'hospitalité aux pauvres ; qu'ils accompagneront le Saint-Sacrement lorsqu'on le porte aux malades, ou que, ne pouvant l'accompagner, ils diront un *Pater* et un *Ave* pour les malades ; qu'il réconcilieront des ennemis ; qu'ils enseigneront aux ignorants les commandements de Dieu et ce qui est cécessaire au salut ; qu'ils rappelleront à la voie du salut une personne qui s'en sera écartée ; qu'ils visiteront les malades, les prisonniers ou qu'ils exerceront quelque autre œuvre de piété ou de charité.

Pour gagner les indulgences plénières ou partielles, les associés doivent :

1º Faire inscrire leurs noms sur le registre de l'archiconfrérie ;

2º Réciter chaque jour *Notre Père,
Je vous salue, Marie, Je crois en Dieu*,
et l'oraison jaculatoire suivante : *Divin
Cœur de Jésus, embrasez-moi de votre
amour.*

3º Visiter l'église de l'archiconfrérie
quand cette visite est prescrite ainsi que
nous l'avons dit précédemment, ou, si
on ne peut le faire, y suppléer par une
œuvre de piété désignée par le confesseur ;

4º Etre en état de grâce.

Pour gagner les indulgences plénières, deux conditions sont en outre exi-
gées :

1º Se confesser dans la semaine qui
précède le jour où l'indulgence est accor-
dée, et communier la veille de ce jour ou
ce jour même. Mais si un confrère a l'habi-
tude de se confesser tous les huit jours,
il gagne, par cette confession, toutes les
indulgences qui se trouvent pendant la
semaine. Cependant lorsque le Souverain
Pontife a accordé la faculté de gagner
toutes les indulgences, pourvu qu'on
se confesse tous les quinze jours, un
associé gagne toutes les indulgences ac-

accordées en se confessant seulement tous les quinze jours : le diocèse de Moulins jouit de ce privilége.

2º Prier pour l'Eglise, selon les intentions du Souverain Pontife, et réciter pour cela quelques prières, par exemple cinq *Pater* et cinq *Ave*, ou toute autre prière.

Le motif qui porte l'Eglise à nous accorder des indulgences si multipliées, est le désir de nous montrer sa charité, de nous donner les moyens de faire pénitence des fautes journalières que nous commettons, et d'éviter les peines du purgatoire, de nous porter à faire toute sorte de bonnes œuvres, de nous aider à soulager les âmes du purgatoire.

Remercions Dieu, l'Eglise, notre Saint Père le Pape, de nous départir, avec tant de libéralité, des grâces pour opérer notre salut : faisons tous nos efforts pour les mériter.

CHAPITRE VI.

Des devoirs des Confrères.

Les principaux devoirs des associés consistent à donner les marques les plus sincères d'amour et de reconnaissance à Jésus-Christ, qui nous a aimés jusqu'à donner sa vie pour nous, qui, non-seulement nous pardonne chaque jour nos péchés, mais daigne encore se donner tout à nous dans la sainte communion. Ils se feront donc un bonheur de visiter souvent Jésus-Christ présent sur nos autels. Ils assisteront avec fidélité aux exercices publics de l'archiconfrérie, et recevront fréquemment, surtout les premiers vendredis du mois, la sainte Eucharistie, la source de toute charité, de toutes les vertus et de toutes les grâces. C'est par ce témoignage d'amour qu'ils tâcheront de réparer l'ingratitude des hommes à l'égard du Cœur de Jésus, et qu'ils le dédommageront de l'indifférence de tant de Chrétiens.

Ils se rappelleront chaque jour que, pour aimer le Cœur de notre Rédempteur, il faut avoir les sentiments, imiter les vertus de ce Cœur, qui sont la douceur, l'humilité, la patience, la pureté, la charité, l'amour du prochain.

Qu'ils prient aussi les uns pour les autres, et qu'ils demandent pour tous un amour toujours plus ardent pour le Cœur de Jésus, qui nous aime et qui désire ardemment que nous l'aimions. Aimons celui qui nous a aimés le premier, et aimons de toutes nos forces celui qui nous a aimés infiniment. Nous supporterons tout, et nous résisterons à toutes les tentations pour plaire à Jésus-Christ, qui a tout souffert pour notre salut éternel. Rien ne pourra jamais nous séparer de l'amour de Jésus-Christ.

On engage aussi les confrères à offrir leurs prières et leurs communions pour le prompt achèvement de l'église du Sacré-Cœur, et pour que l'archiconfrérie se répande, produise des fruits abondants de salut, contribue à ramener un grand nombre de pécheurs et à ranimer dans tous les cœurs l'amour de Jésus-

Christ. Pour obtenir cette fin si consolante, que les associés édifient le prochain, donnent l'exemple de toutes les vertus, de toutes sortes de bonnes œuvres ; qu'ils fassent leurs efforts pour porter tous les Catholiques à se faire inscrire sur le registre de l'archiconfrérie.

On pourra faire inscrire son nom sur ce régistre tous les jours, à la sacristie de Saint-Nicolas le matin avant et après les messes, et, le soir, avant ou après la bénédiction ou la prière que l'on fait tous les jours en public. Ce registre, digne, par la beauté et la richesse de sa reliure, de l'excellence de l'archiconfrérie, est déposé sous l'autel de la Sainte-Vierge de l'église du Sacré-Cœur, afin que Marie nous bénisse, et afin de nous rappeler que c'est par le cœur de Marie qu'on arrive au Cœur de Jésus.

On engage les confrères à donner chaque année une offrande, soit pour les ornements de la nouvelle chapelle de la Sainte-Vierge, soit pour subvenir aux dépenses qu'occasionnent les exercices et les pratiques de l'archiconfrérie.

Aux exercices publics de l'archiconfrérie, on priera pour les besoins temporels et spirituels de ce diocèse, de la France, de la catholicité, et enfin pour les personnes qui auront été recommandées.

AMENDE HONORABLE

AU SACRÉ COEUR DE JÉSUS.

—

Cœur adorable de notre Sauveur ! ô Cœur infiniment digne de l'adoration et de l'amour des anges et des hommes ! Cœur très-sacré de Jésus ! humblement prosternés à vos pieds avec tout le respect et la soumission dont nous sommes capables, nous reconnaissons avec joie et admiration vos grandeurs et vos perfections. Que ne pouvons-nous, ô Cœur infiniment aimable ! ressentir pleinement et glorifier dignement cet amour incompréhensible dont vous aimez toutes vos créatures et que vous nous prodiguez en particulier ! Mais, ô bon Jésus ! ô Cœur si aimant de Jésus, vous êtes méconnu, dédaigné, outragé, et cela du plus grand nombre. Combien vous renieraient et vous crucifieraient de nouveau comme un séditieux et un perturbateur dangereux, si vous reveniez sur la terre! Les âmes qui font profession de piété, vos âmes privilégiées, vous adoucissent au moins tant d'amertumes; mais, hélas! elles vous en causent aussi de bien cruelles, car elles ne vous délaissent et ne vous abandonnent que trop souvent; nous-mêmes, ô divin Cœur de Jésus! nous qui sommes vos enfants et de plus vos victimes, combien de fois, tièdes et infidèles, ne vous avons-nous point blessé, meurtri, déchiré, et peut-être fait mourir? Oui, mon Sauveur, je vous ai méprisé, outragé et blessé jusqu'à la prunelle de l'œil; mille et mille fois je vous ai trahi dans mon cœur et dans toute ma conduite; enfin, mille et mille fois j'ai provoqué votre colère et votre indignation, moi qui étais devenu l'objet de tout votre amour et de toute votre prédilection. O Cœur! ô amour de mon Jésus! qui vous consolera dans vos afflictions et dans vos amertumes extrêmes ! Vous cherchez des anges consolateurs, ah ! pardon, miséricorde, nous voici à vos pieds, les cœurs contrits et humiliés, ô miséricordieux Jésus ! Nous nous dévouons, nous nous offrons, nous nous consacrons à vous ; et s'il vous faut des victimes, de grâce, frappez, immolez comme bon vous semblera ceux qui, en ce moment, humblement prosternés et anéantis en votre présence, ne veulent vivre et respirer qu'afin de s'immoler pour vous et pour votre bon plaisir ; ceux qui vous font par avance et de tout le désir de leur cœur, ô divin Jésus ! le chétif sacrifice de tout eux-mêmes. Ah ! ne le dédaignez pas, ô Sauveur de toute bonté, traitez-nous en victimes dévouées et sauvez-nous. Sauvez encore une fois votre peuple : rendez-lui son Dieu, rendez-lui sa foi et les vertus chrétiennes, rendez-lui l'ordre, la paix et l'abondance. Ah ! laissez enfin désarmer votre bras levé depuis si longtemps sur la France, sur le monde bouleversé par l'esprit de discorde ; calmez les passions, réunissez tous les cœurs. Qu'exigez-vous, Seigneur, pour mettre un terme à ces fléaux que vous lui envoyez coup sur coup, pour répandre sur elle vos anciennes bénédictions? Sont-ce des âmes qui satisfassent à votre justice irritée par ces longs outrages, des âmes qui expient les vices honteux dont elle est inondée? Consolez-vous, Cœur tout désolé, tout déchiré de Jésus-Christ; consolez-vous. Vous avez des victimes, si vous le voulez: rendez-les dignes de vous, agréez-les, sacrifiez-les dans le Cœur sacré de votre auguste Mère, Cœur qui vous a toujours aimé et qui vous aimera toujours sans bornes et sans mesure. Etanchez la soif ardente qu'elles ont de souffrir pour vous, et faites-en comme de la divine Marie, autant d'hosties vivantes immolées à votre gloire, autant de martyres de votre pur amour. O divin Cœur de Jésus-Christ, victime seule digne de Dieu, nous nous abîmons, nous nous perdons en vous. O Cœur immaculé de Marie, après le Cœur de Jésus-Christ, la plus agréable de toutes les victimes au Seigneur! nous nous réfugions en vous. O mon Dieu!

4

recevez-moi, recevez-nous dans les Cœurs sacrés de Jésus et de Marie. O mon Dieu! nous vous offrons les Cœurs de Jésus et de Marie. Ainsi soit-il.

CONSÉCRATION

AU SACRÉ COEUR DE JÉSUS.

Adorable Jésus, à quel excès vous m'avez aimé! Pour me rendre semblable à vous, vous vous êtes fait homme semblable à moi; pour me sauver de la mort éternelle et de l'enfer, vous vous êtes livré à la mort, et à la mort de la croix. Pour me mettre à l'abri de la justice de votre Père, vous avez permis que la lance m'ouvrît votre sacré Cœur. Enfin, par le plus ineffable des prodiges, chaque jour vous devenez ma victime sur l'autel, et ma nourriture dans la sainte communion. O excès d'amour! ô excès de tendresse! et pour tant d'amour et de bienfaits, qu'exigez-vous de moi, mon Dieu? Vous me demandez mon cœur; ne vous est-il pas dû, Cœur adorable, et oserais-je vous le refuser? O

Dieu de mon cœur ! pour vous l'offrir, ce cœur, me voici prosterné à vos pieds, à la face du ciel et de la terre, que je prends à témoin de mon engagement.

Dieu de bonté, voici le cœur le plus coupable, le plus indigne de tous les cœurs, que je viens vous offrir, puisque vous voulez encore l'agréer. Le voilà au pied de votre croix, tout inondé de vos grâces, tout arrosé de vos larmes et de votre sang. Toute ma peine est de vous l'offrir si peu digne de vous, couvert de tant de blessures, profané par tant de passions, souillé de tant de péchés.

Je vous offre mon cœur, ô Jésus ! et je vous l'offre de toute son étendue, je vous consacre tous ses sentiments, toutes ses affections et tous ses désirs. Je vous le donne sans retour, sans réserve ; et, peu content de vous donner tout mon cœur, ô mon Dieu ! que n'ai-je les cœurs de tous les hommes pour vous les offrir ! Que n'ai-je les ardeurs, les transports de tous les anges, de tous les bienheureux, pour vous les consacrer ! Je n'ai qu'un cœur, ô mon Dieu ! du moins sera-t-il à vous, et à vous seul ;

le monde et les créatures n'y auront plus de part. Trop long-temps elles l'ont séduit, elles l'ont égaré. Vous seul serez mon partage, vous seul serez mon Dieu, et le Dieu de mon cœur. Hélas! si vous m'aviez traité selon la rigueur de votre justice, actuellement ce cœur serait dévoré, consumé par le feu de l'enfer. Et vous voulez qu'il brûle encore du feu céleste de votre amour! Vous voulez bien encore lui donner une place dans votre Cœur.

Recevez-le donc, ce cœur, ô mon Dieu! ou plutôt prenez-le vous-même, changez-le et rendez-le digne de vous. Changez mon cœur, et donnez-moi le vôtre, divin Jésus! donnez-moi un cœur reconnaissant de vos dons, pénitent et contrit de ses péchés, fidèle à vos grâces, résigné à vos volontés adorables, rempli, animé, embrasé de votre amour. Prenez-le, ce cœur; mais une fois que vous en aurez pris possession, gardez-le, Seigneur, conservez-le à jamais; souvent je vous l'ai donné, souvent je l'ai malheureusement repris, ou le monde me l'a arraché. Conservez-le à jamais, cachez-le dans votre propre cœur. Qu'en ce jour, que toute ma vie, qu'à ma mort, que toute l'éternité, il soit occupé à vous aimer, à vous louer, à vous bénir. Ainsi soit-il.

PRIÈRE AU SACRÉ CŒUR.

Souvenez-vous, ô très-doux Jésus! qu'on n'a jamais entendu dire qu'aucun de ceux qui ont eu recours à votre sacré Cœur, imploré son assistance ou réclamé sa miséricorde, ait été abandonné. Rempli et animé de la même confiance, ô Cœur, roi des cœurs, je viens, je cours à vous, et gémissant sous le poids de mes péchés, je me prosterne devant vous. Ô Cœur sacré, ne méprisez pas mes faibles prières, mais écoutez-les favorablement, et daignez-les exaucer.

Faites voir que vous êtes le Cœur du meilleur des pères, et que celui qui, pour nous sauver, a bien voulu vous donner à nous, reçoive aussi par vous nos prières. Ainsi soit-il.

LITANIES

DU SACRÉ COEUR DE JÉSUS.

Seigneur, ayez pitié de nous.	*Kyrie, eleison.*
Jésus-Christ, ayez pitié de nous.	*Christe, eleison.*
Seigneur, ayez pitié de nous.	*Kyrie, eleison.*
Jésus-Christ, écoutez-nous.	*Christe, audi nos.*
Jésus-Christ, exaucez nous.	*Christe, exaudi nos.*
Père céleste, Dieu tout-puissant, ayez pitié de nous.	*Pater de cœlis Deus, miserere nobis.*
Dieu le Fils, rédempteur du monde,	*Fili Redemptor mundi, Deus,*
Esprit de Dieu, auteur de toute sainteté,	*Spiritus sancte, Deus,*
Très-sainte et très-adorable Trinité,	*Sancta Trinitas, unus Deus,*

Ayez pitié de nous.

Miserere nobis.

Cor Jesu, miserere nobis.	Cœur de Jésus, ayez pitié de nous.
Cor Jesu, in sinu Matris Virginis formatum	Cœur de Jésus, formé dans le sein d'une Mère Vierge,
Cor Jesu, Filio Dei hypostaticè unitum,	Cœur de Jésus, uni hypostatiquement au Fils de Dieu,
Cor Jesu, divinitatis sanctuarium,	Cœur de Jésus, sanctuaire de la Divinité,
Cor Jesu, sanctissimœ Trinitatis tabernaculum,	Cœur de Jésus, tabernacle de la très-sainte Trinité,
Cor Jesu, sanctitatis templum,	Cœur de Jésus, temple de la sainteté,
Cor Jesu, fons omnium gratiarum,	Cœur de Jésus, source de toutes les grâces,
Cor Jesu mitissimum et humillimum,	Cœur de Jésus, modèle de douceur et d'humilité,

Cœur de Jésus, fournaise d'amour, ayez pitié de nous.

Cœur de Jésus, source de contrition,

Cœur de Jésus, trésor de sagesse,

Cœur de Jésus, océan de bonté,

Cœur de Jésus, trône de la miséricorde,

Cœur de Jésus, abîme de toutes les vertus,

Cœur de Jésus, qui êtes la maison de Dieu et la porte du Ciel,

Cœur de Jésus, trésor qui ne s'épuise jamais,

Cœur de Jésus, de

Ayez pitié de nous.

Cor Jesu, *fornax amoris, miserere nobis.*

Cor Jesu, *origo contritionis,*

Cor Jesu, *sapientiæ thesaurus,*

Cor Jesu, *bonitatis oceanus,*

Cor Jesu, *misericordiæ thronus,*

Cor Jesu, *virtutum omnium abyssus,*

Cor Jesu, *domus Dei et porta cœli,*

Cor Jesu, *thesaurus nunquam deficiens,*

Cor Jesu, *de*

Miserere nobis.

cujus plenitudine omnia nos accepimus, miserere nobis.	la plénitude duquel nous avons tout reçu, ayez pitié de nous.
Cor Jesu, pax et reconciliatio nostra,	Cœur de Jésus, notre paix et notre réconciliation,
Cor Jesu, in horto anxiatum,	Cœur de Jésus, accablé de tristesse dans le jardin des Oliviers,
Cor Jesu, sudore sanguineo debilitatum,	Cœur de Jésus, affaibli par la sueur de sang,
Cor Jesu, opprobriis saturatum,	Cœur de Jésus, rassasié d'opprobres,
Cor Jesu, propter scelera nostra attritum,	Cœur de Jésus, brisé de douleur pour nos péchés,
Cor Jesu, usque ad mortem crucis obediens factum,	Cœur de Jésus, obéissant jusqu'à la mort de la Croix.

Miserere nobis.

Ayez pitié de nous.

Cœur de Jésus, percé d'une lance, ayez pitié de nous.	Cor Jesu, lanceá perforatum, miserere nobis.
Cœur de Jésus, épuisé de sang sur la croix,	Cor Jesu, in cruce sanguine exhaustum,
Cœur de Jésus, refuge des pécheurs,	Cor Jesu, refugium peccatorum,
Cœur de Jésus, force des justes,	Cor Jesu, fortitudo justorum,
Cœur de Jésus, consolation des affligés,	Cor Jesu, consolatio afflictorum,
Cœur de Jésus, soutien de ceux qui sont tentés,	Cor Jesu, robur tentatorum,
Cœur de Jésus, terreur des démons,	Cor Jesu, terror dæmonum,
Cœur de Jésus, sanctification des cœurs,	Cor Jesu, sanctificatio cordium,
Cœur de Jésus, persévérance des bons.	Cor Jesu, perseverantia bonorum,

Cor Jesu, spes morientium, miserere nobis.	Cœur de Jésus, espérance des mourants, ayez pitié de nous.
Cor Jesu, gaudium beatorum,	Cœur de Jésus, la joie des bienheureux.
Cor Jesu, rex et centrum omnium cordium,	Cœur de Jésus, le roi et le centre de tous les cœurs,

Miser. nob. — Ayez p. de n.

Agnus Dei, qui tollis peccata mundi, parce nobis, Jesu.	Agneau de Dieu, qui effacez les péchés du monde, doux Jésus pardonnez-nous.
Agnus Dei, qui tollis peccata mundi, exaudi nos, Jesu.	Agneau de Dieu, qui effacez les péchés du monde, doux Jésus, exaucez-nous.
Agnus Dei, qui tollis peccata mundi, miserere nobis, Jesu.	Agneau de Dieu, qui effacez les péchés du monde, doux Jésus, ayez pitié de nous.

℣. Vous puisserez avec joie des eaux vives,

℟. Aux sources du Sauveur.

PRIÈRE.

Grand Dieu, qui, par un excès d'amour, avez rendu aimable à vos fidèles le Cœur sacré de notre Seigneur Jésus-Christ, votre Fils, faites que nous l'honorions et que nous l'aimions de telle manière sur la terre, que nous méritions de l'aimer, et vous aussi, éternellement dans le Ciel, par lui et avec lui, et d'être éternellement aimés de vous et de lui, au nom de votre Fils, qui vit

℣. *Haurietis aquas in gaudio,*

℟. *De fontibus Salvatoris.*

OREMUS

Deus, qui sacratissimum Cor Jesu Christi Filii tui Domini nostri Fidelibus tuis, summo charitatis effectu, amabile reddidisti; concede propitius sic nos illud venerari et amare in terris, ut per ipsum et cum ipso et te ipsum amare, et à te et ab illo in æternum amari mereamur in cœlis. Per eumdem Dominum nos-

trumJesumChris-tum Filium tuum, qui tecum vivit et regnat , etc. Amen.

et règne avec vous et avec le Saint-Esprit, dans tous les siècles des siècles. Ainsi soit-il.

ORAISON.

Domine Jesu, qui ineffabiles Cordis tui divitias Ecclesiæ tuæ novo beneficio aperire dignatus es, concede ut ejus sanctissimi Cordis amori respondere, et injurias eidem afflictissimo Cordi ab ingratis hominibus illatas, dignis obsequiis compensare valeamus. Per eumdem, etc.

Seigneur Jésus, qui, par un nouveau bienfait, avez daigné ouvrir à votre Eglise les richesses ineffables de votre Cœur, faites que nous puissions rendre amour pour amour à ce Cœur adorable, et par de dignes hommages, réparer les outrages dont l'ingratitude des hommes ne cesse de l'affliger. Nous vous en prions, ô mon Dieu! par le même Jésus-Christ, votre fils, etc.

NEUVAINE AU SACRÉ CŒUR DE JÉSUS.

Les pieux Offices auprès des aimables Cœurs de Jésus et de Marie.

> Qui n'aimera ce cœur blessé si profondément pour nous?
>
> (St Bernard.)

I. La dévotion au Cœur de Jésus consiste à honorer par un culte d'amour, de reconnasssance, d'imitation et d'amende honorable ce Cœur sacré, modèle parfait de toutes les vertus, source intarissable de grâce, et foyer du divin amour. Comme toutes les dévotions qui ont pour but d'alimenter et d'exciter dans l'âme des fidèles la piété chrétienne, la dévotion au Cœur de Jésus a un objet extérieur qui frappe nos sens et élève nos pensées et nos affections vers un objet spirituel. L'objet extérieur ou sensible de cette dévotion est le Cœur vivant et animé de l'homme Dieu, or-

gane de ses sentiments, siége des affections de son âme et symbole le plus vrai
comme le plus touchant de son amour.
Mais son objet spirituel est l'objet même
que ce divin Cœur nous représente,
c'est-à-dire les dispositions intérieures
de Jésus-Christ, ses vertus, ses douleurs, ses grâces, et surtout son amour
immense pour les hommes. Le caractère
de ce double objet suffit pour nous faire
apprécier et pour nous faire comprendre
quel rang cette dévotion doit occuper
dans l'exercice de la religion chrétienne,
qui est une religion d'amour. La dévotion au Cœur de Jésus, si aimable, si
consolante et en même temps si solide,
sera donc toujours chère et délicieuse
à tous les cœurs tendres, généreux et
dévoués.

II. La dévotion au sacré Cœur de Jésus présente à l'âme fidèle les avantages
les plus précieux; voici comme l'exprime la vénérable Marguerite-Marie,
à qui Notre-Seigneur inspira de faire
établir dans l'Eglise le culte public et
spécial de son divin Cœur : « Les trésors de bénédictions et de grâces que ce

Cœur renferme sont infinis. Je ne sache pas qu'il y ait nul exercice de dévotion dans la vie spirituelle qui soit plus propre pour élever en peu de temps une âme à la plus haute perfection, et pour lui faire goûter les véritables douceurs qu'on trouve au service de Jésus-Christ ; oui, je le dis avec assurance, si l'on savait combien cette dévotion est agréable à Jésus-Christ, il n'est pas un Chrétien, pour peu d'amour qu'il ait pour cet aimable Sauveur, qui ne la pratiquât d'abord. Les personnes religieuses en retireront tant de secours, qu'il ne faudrait pas d'autre moyen pour rétablir la première ferveur et la plus exacte régularité dans les communautés les moins réglées, et pour porter au comble de la perfection celles qui vivent dans la plus grande régularité.

« Mon divin Sauveur m'a fait entendre que ceux qui travaillent au salut des âmes, auront l'art de toucher les cœurs les plus endurcis, et travailleront avec un succès merveilleux, s'ils sont eux-mêmes pénétrés d'une tendre dévotion à son divin Cœur.

« Pour les personnes séculières, elles trouveront par le moyen de cette aimable dévotion, tous les secours nécessaires à leur état, c'est-à-dire la paix dans leur famille, le soulagement dans leurs travaux, les bénédictions du Ciel dans toutes leurs entreprises, la consolation dans leurs misères, et c'est proprement dans ce sacré Cœur qu'elles trouveront un lieu de refuge pendant toute leur vie et principalement à l'heure de la mort. Ah! qu'il est doux de mourir après avoir eu une constante dévotion au sacré Cœur de celui qui doit nous juger!... Enfin il est visible qu'il n'est personne au monde qui ne ressentît toutes sortes de secours du Ciel, s'il avait pour Jésus-Christ un amour reconnaissant, tel qu'est celui qu'on lui témoigne dans la dévotion à son Cœur sacré.

« Notre-Seigneur m'a découvert des trésors d'amour et de grâces pour les personnes qui se consacreront et se sacrifieront à rendre et à procurer à son Cœur tout l'honneur, l'amour et la gloire qu'il sera en leur pouvoir, mais des trésors si grands qu'il m'est impossible de m'en exprimer. Cet aimable Cœur a un désir infini d'être connu et aimé des hommes, dans lesquels il veut établir son empire, comme étant la source de tout bien, afin de pourvoir à tous leurs besoins. C'est pour cela qu'il veut qu'on s'adresse à lui avec une grande confiance. »

III. La première neuvaine que nous proposons est celle qui renferme les pieux offices à remplir à l'égard des saints Cœurs de Jésus et de Marie. Chaque jour de cette neuvaine nous appellera auprès de ces aimables Cœurs, et nous invitera à leur rendre des devoirs spéciaux. Prions les saints qui ont été le plus embrasés de l'amour divin de s'unir à nous, afin d'offrir aux Cœurs de Jésus et de Marie des hommages qui soient dignes de leur tendresse et de leur excellence (1).

---

(1) Voyez *Le premier Vendredi de chaque mois sanctifié par la dévotion au sacré Cœur de Jésus, et la retraite du mois*, par le P. Gautrelet, S. J.

1er JOUR.

Office de promoteur.

Le promoteur de la dévotion aux très-saints Cœurs de Jésus et de Marie adressera au Père céleste de ferventes prières pour obtenir que ces Cœurs si brûlants d'amour soient connus, aimés et honorés.

Il priera aussi l'Esprit-Saint d'enflammer d'un amour tendre et sincère envers ces divins Cœurs, non-seulement le sien mais encore ceux de tous les hommes, afin que, détachant leurs affections des choses du monde, ils se donnent et se consacrent entièrement à leur service.

Maxime. — Celui qui entraîne l'âme de son frère dans le péché, se rend coupable de la mort de Jésus-Christ et des douleurs de Marie; celui qui gagne des cœurs à leur amour, attire sur lui leur protection et leur faveur.

Le promoteur prendra pour patron spécial *saint François de Sales*, dont il tâchera d'imiter le zèle à procurer la gloire de Dieu.

Bouquet spirituel. — Je voudrais que toutes les créatures fussent converties en langues et en bouches pour vous bénir et vous aimer, ô mon Dieu et mon tout ! Je voudrais que toute l'étendue de la terre et des cieux fût pleine et inondée de votre gloire. (M. Olier.)

PRATIQUE.

Prosternez-vous en esprit devant le saint Tabernacle, et demandez au Cœur sacré de Jésus de vous donner sa bénédiction.

PRIÈRE.

Seigneur Jésus, qui, pour nous donner une dernière preuve de votre bonté, avez daigné ouvrir à l'Eglise, votre Epouse, le trésor des ineffables richesses de votre Cœur, accordez-nous la grâce de répondre à l'amour de ce Cœur sacré, et de le dédommager par de dignes hommages de l'indifférence et de l'ingratitude des hommes, vous qui étant Dieu, vivez et régnez dans les siècles des siècles. Ainsi soit-il.

2e JOUR.

Office de réparateur.

Le réparateur aura soin de faire ses actions avec la plus grande perfection possible. Il récitera souvent l'acte de contrition pour consoler le Cœur si doux de Jésus des outrages qu'il ne cesse de recevoir au très-saint Sacrement. Il rendra aussi des hommages particuliers au Cœur de Marie, si affligé de voir son divin Fils offensé.

Maxime. — Celui qui travaille à réparer les offenses faites à Jésus-Christ, s'assure par là même le pardon de ses péchés.

Le réparateur prendra pour patron saint *Ignace de Loyola*. Il s'efforcera de l'imiter, en excitant dans son âme le saint désir qu'éprouvait ce grand saint, de faire cesser l'offense de Dieu.

BOUQUET SPIRITUEL. — Que ne puis-je, mon Dieu, arroser de mes larmes et laver de mon sang tous ces lieux où votre sacré Cœur a été horriblement outragé! Que ne puis-je, pour un moment, être le maître du cœur de tous les hommes pour réparer en quelque manière, par le sacrifice que je vous en ferais, l'oubli et l'insensibilité de la plupart des Chrétiens ! (Vénérable MARGUERITE-MARIE.)

PRATIQUE.

Prosternez-vous en esprit devant le saint Tabernacle, et demandez au Cœur sacré de Jésus de vous donner sa bénédiction.

PRIÈRE.

Seigneur Jésus, qui, pour nous donner une dernière preuve de votre bonté, avez daigné ouvrir à l'Eglise, votre Epouse, le trésor des ineffables richesses de votre Cœur, accordez-nous la grâce de répondre à l'amour de ce Cœur sacré, et de le dédommager par de dignes hommages de l'indifférence et de l'ingratitude des hommes, vous qui étant Dieu, vivez et régnez dans les siècles des siècles.

Ainsi soit-il.

3e JOUR.

Office d'adorateur.

L'adorateur fera de fréquents actes d'adoration à la sainte Trinité ; et s'unissant aux louanges continuelles que lui adressent les Cœurs sacrés de Jésus et de Marie, il s'efforcera de suppléer à l'oubli et à l'indifférence presque universelle des hommes pour Dieu.

Maxime. — Jésus et Marie ne peuvent avoir pour agréables les adorations de celui qui ne fait pas régner dans son cœur l'amour de Dieu.

L'adorateur prendra pour patron saint *François de Borgia* ; il cherchera à imiter la tendre dévotion de ce grand saint pour l'auguste sacrement, et le priera de l'aider à remplir dignement son office d'adorateur.

BOUQUET SPIRITUEL. — Je vous adore et je vous aime, divin Cœur de Jésus, vivant dans le Cœur de Marie ; je vous conjure de vivre et de régner dans tous les cœurs, surtout dans le mien, et de le consumer de votre plus pur amour. (Vénérable MARGUERITE-MARIE.)

PRATIQUE.

Prosternez-vous en esprit devant le saint Tabernacle, et demandez au Cœur sacré de Jésus de vous donner sa bénédiction.

PRIÈRE.

Seigneur Jésus, qui, pour nous donner une dernière preuve de votre bonté, avez daigné ouvrir à l'Eglise, votre Epouse, le trésor des ineffables richesses de votre Cœur, accordez-nous la grâce de répondre à l'amour de ce Cœur sacré, et de le dédommager par de dignes hommages de l'indifférence et de l'ingratitude des hommes, vous qui étant Dieu, vivez et régnez dans les siècles des siècles.

Ainsi soit-il.

4e JOUR.

Office d'amant.

L'amant adressera souvent, avec la plus grande ferveur, des actes d'amour à Jésus et à Marie, pour les consoler du peu d'amour que leur témoignent la plupart des Chrétiens.

Maxime. — Nous ne pourrons aimer Jésus et Marie pendant l'éternité, s'ils ne sont dans cette vie l'objet de nos affections.

L'amant prendra pour patron sainte *Thérèse*; il la conjurera d'allumer dans son cœur une étincelle de cet ardent amour pour Jésus-Christ, qui embrasait le sien.

BOUQUET SPIRITUEL. — Vous aimerez le Seigneur votre Dieu. Mais dites-moi encore, je vous supplie, mon Sauveur, combien je le dois aimer...... Vous l'aimerez, dit-il, de tout votre cœur; ce n'est pas assez, de toute votre âme; ce n'est pas encore assez : de tout votre esprit. Que voulez-vous davantage? Pour moi, je voudrais peut-être quelque chose de plus, si je croyais qu'il pût y avoir rien au-delà. (Saint AUGUSTIN, *Mœurs de l'Eglise catholique*, ch. 8.)

PRATIQUE.

Prosternez-vous en esprit devant le saint Tabernacle, et demandez au Cœur sacré de Jésus de vous donner sa bénédiction.

PRIÈRE.

Seigneur Jésus, qui, pour nous donner une dernière preuve de votre bonté, avez daigné ouvrir à l'Eglise, votre Epouse, le trésor des ineffables richesses de votre Cœur, accordez-nous la grace de répondre à l'amour de ce Cœur sacré, et de le dédommager par de dignes hommages de l'indifférence et de l'ingratitude des hommes, vous qui étant Dieu, vivez et régnez dans les siècles des siècles.

Ainsi soit il.

5e JOUR.

Office de disciple.

Le disciple des Cœurs sacrés de Jésus et de Marie recueillera avec la plus grande fidélité les inspirations du Ciel et les paroles intérieures de la grâce, surtout pendant l'oraison, à la sainte messe, à la visite du Saint-Sacrement, dans les prédications ou au tribunal de la pénitence, et il règlera ses pensées, ses actions et ses projets, suivant la volonté du Seigneur.

Maxime. — Celui qui désire entendre la voix de Dieu doit observer le silence intérieur; car il est écrit : Le Seigneur n'est pas dans le tumulte.

Le disciple prendra pour patron saint *Jean* l'évangéliste, et tâchera d'imiter la fidélité de cet apôtre bien-aimé pour ce divin Maître.

Bouquet spirituel. — On doit entendre avec douceur, recevoir avec piété et conserver avec grand soin tout ce qu'on nous dit pour le salut de nos âmes, non comme la parole des hommes, mais comme celle de Dieu, ainsi qu'elle l'est véritablement, soit que cette parole nous console, soit qu'elle nous avertisse ou qu'elle nous reprenne (S. Bernard, *II*ᵉ *Sermon* pour saint Pierre et saint Paul.)

PRATIQUE.

Prosternez-vous en esprit devant le saint Tabernacle, et demandez au Cœur sacré de Jésus de vous donner sa bénédiction.

PRIÈRE.

Seigneur Jésus, qui, pour nous donner une dernière preuve de votre bonté, avez daigné ouvrir à l'Eglise, votre Epouse, le trésor des ineffables richesses de votre Cœur, accordez-nous la grâce de répondre à l'amour de ce Cœur sacré, et de le dédommager par de dignes hommages de l'indifférence et de l'ingratitude des hommes, vous qui étant Dieu, vivez et régnez dans les siècles des siècles.

Ainsi soit-il.

6ᵉ JOUR.

Office de victime.

Celui qui remplit l'office de victime des Cœurs de Jésus et de Marie, fera dès le commencement de la journée un généreux sacrifice de lui-même à Dieu, se dévouant sans réserve à son bon plaisir. Il aura soin d'unir son sacrifice à celui que fait Jésus de tout lui-même au Saint-Sacrement, et à celui qu'accomplit sous la croix l'auguste Marie. Enfin il priera Jésus et Marie de lui faire comprendre l'excellence et le prix du sacrifice.

Maxime. — L'amour de Dieu a coutume de rendre doux et agréables les sacrifices les plus douloureux à la nature.

La victime des saints Cœurs prendra pour patron saint *Louis de Gonzague*, dont il s'efforcera d'imiter les principales vertus, surtout sa générosité et son dévoûment pour Dieu.

Bouquet spirituel. — Donnez quelque peu de chose à celui de qui vous avez reçu beaucoup, ou plutôt donnez tout à celui qui vous a tout donné. Vous ne surpasserez jamais Dieu en magnificence, quand vous lui sacrifieriez tous vos biens, et quand vous vous joindriez vous-même à ce sacrifice, puisque se donner soi-même à Dieu, c'est recevoir un nouveau bienfait. (S. Grégoire de Nazianze, *Sermon* 8.)

PRATIQUE.

Prosternez-vous en esprit devant le saint Tabernacle, et demandez au Cœur sacré de Jésus de vous donner sa bénédiction.

PRIÈRE.

Seigneur Jésus, qui pour nous donner une dernière preuve de votre bonté, avez daigné ouvrir à l'Eglise, votre Epouse, le trésor des ineffables richesses de votre Cœur, accordez-nous la grâce de répondre à l'amour de ce Cœur sacré, et de le dédommager par de dignes hommages de l'indifférence et de l'ingratitude des hommes, vous qui étant Dieu, vivez et régnez dans les siècles des siècles.

Ainsi soit-il.

7ᵉ JOUR.

Office de serviteur.

Le serviteur fidèle des Cœurs de Jésus et de Marie s'emploiera avec ardeur à leur service, n'ayant en vue dans ses pensées, dans ses paroles et dans ses actions que le désir de leur plaire et de leur témoigner que son cœur ne reconnaît d'autres maîtres que les Cœurs si aimants de Jésus et de Marie.

Maxime. — Servir le sacré Cœur de Jésus, c'est régner.

Le serviteur prendra pour patron saint *Joseph*, le chaste époux de la sainte Vierge, et il cherchera à imiter l'obéissance aveugle de ce saint patriarche, et sa fidélité aux ordres du Seigneur.

BOUQUET SPIRITUEL. — Quand quelqu'un sait ce qu'on lui a dit pour son avancement spirituel, il n'a pas besoin de s'en informer ni d'en parler davantage, mais seulement de le mettre à exécution, avec humilité, charité et mépris de soi-même, et sans demander continuellement de nouvelles instructions (S. JEAN DE LA CROIX, *Epître* 2.)

PRATIQUE.

Prosternez-vous en esprit devant le saint Tabernacle, et demandez au Cœur sacré de Jésus de vous donner sa bénédiction.

PRIÈRE.

Seigneur Jésus, qui, pour nous donner une dernière preuve de votre bonté, avez daigné ouvrir à l'Eglise, votre Epouse, le trésor des ineffables richesses de votre Cœur, accordez-nous la grâce de répondre à l'amour de ce Cœur sacré, et de le dédommager par de dignes hommages de l'indifférence et de l'ingratitude des hommes, vous qui étant Dieu, vivez et régnez dans les siècles des siècles.

Ainsi soit-il.

8e JOUR.

Office de suppliant.

Pénétré de la foi la plus vive et de la confiance la plus filiale, le suppliant priera souvent le Père céleste, par les mérites de ces Cœurs sacrés, d'ouvrir les yeux aux pauvres pécheurs, afin qu'apercevant l'abîme où ils se trouvent, ils consolent Jésus et Marie par une sincère conversion.

Maxime. — Avec la prière et l'humilité, on obtient tout du Seigneur, qui ne peut manquer à sa promesse : *Petite et accipietis ; Humilibus autem dat gratiam.*

Le suppliant prendra pour patron saint *Stanislas de Kostka*, et il imitera sa ferveur dans le service de Dieu.

Bouquet spirituel. — Approchons-nous de Dieu à temps et à contre-temps. Mais je me reprends, nous ne saurions jamais nous en approcher à contre-temps et lui devenir importuns. C'est, au contraire, lui être importun que de ne pas le prier à toute heure, et l'on ne peut jamais s'adresser à contre-temps à celui qui est toujours prêt à donner. (S. Jean Chrysostome, *Hom.* 23, sur le 6e ch. de S. Matth.)

PRATIQUE.

Prosternez-vous en esprit devant le saint Tabernacle, et demandez au Cœur sacré de Jésus de vous donner sa bénédiction.

PRIÈRE.

Seigneur Jésus, qui, pour nous donner une dernière preuve de votre bonté, avez daigné ouvrir à l'Eglise, votre Epouse, le trésor des ineffables richesses de votre Cœur, accordez-nous la grâce de répondre à l'amour de ce Cœur sacré, et de le dédommager par de dignes hommages de l'indifférence et de l'ingratitude des hommes, vous qui étant Dieu, vivez et régnez dans les siècles des siècles.

Ainsi soit-il.

9e JOUR.

Office de zélateur.

Le zélateur s'appliquera constamment à procurer la gloire des Cœurs de Jésus et de Marie, en remplissant avec ferveur ses exercices de piété. Il exaltera dans ses discours l'excellence et les avantages de la dévotion aux saints Cœurs, tâchant de la faire naître ou de la faire croître dans les personnes avec lesquelles il sera en relation.

Maxime. — Celui qui aime véritablement ne peut voir offenser l'objet de son affection et garder le silence : l'absence de zèle indique l'absence d'amour.

Le zélateur prendra pour patron saint *François Xavier*, et il imitera, autant qu'il lui sera possible, le zèle immense de ce grand saint pour le salut des âmes.

BOUQUET SPIRITUEL. — Que votre zèle soit animé par la charité, éclairé par la science, affermi par la constance ; qu'il soit fervent, circonspect, invincible ; qu'il ne soit ni tiède, ni indiscret, ni timide. (S. BERNARD, *Sermon* 20 sur le Cantique des cantiques.)

PRATIQUE.

Prosternez-vous en esprit devant le saint Tabernacle, et demandez au Cœur sacré de Jésus de vous donner sa bénédiction.

PRIÈRE.

Seigneur Jésus, qui, pour nous donner une dernière preuve de votre bonté, avez daigné ouvrir à l'Eglise, votre Epouse, le trésor des ineffables richesses de votre Cœur, accordez-nous la grâce de répondre à l'amour de ce Cœur sacré, et de le dédommager par de dignes hommages de l'indifférence et de l'ingratitude des hommes, vous qui étant Dieu, vivez et régnez dans les siècles des siècles.

Ainsi soit-il.

PRIÈRE DU MATIN.

—

Au nom du Père, et du Fils, et du Saint-Esprit. Ainsi soit-il.

Mettons-nous en la présence de Dieu et adorons son saint nom.

Très-sainte et très-auguste Trinité, Dieu seul en trois personnes, je crois que vous êtes ici présent. Je vous adore avec les sentiments de l'humilité la plus profonde, et vous rends de tout mon cœur les hommages qui sont dus à votre souveraine Majesté.

Remercions Dieu des grâces qu'il nous a faites, et offrons-nous à lui.

Mon Dieu, je vous remercie très-humblement de toutes les grâces que vous m'avez faites jusqu'ici. C'est encore par un effet de votre bonté que je vois ce jour. Je veux aussi l'employer uniquement à vous servir. Je vous en consacre toutes les pensées, les paroles, les actions et les peines. Bénissez-les, Seigneur, afin qu'il n'y en ait aucune qui ne soit animée de votre amour, et qui ne tende à votre plus grande gloire.

Formons la résolution d'éviter le péché et de pratiquer la vertu.

Adorable Jésus, divin modèle de la perfection à laquelle nous devons aspirer, je vais m'appliquer, autant que je le pourrai, à me rendre semblable à vous, doux, humble, chaste, zélé, patient, charitable et résigné comme vous ; je ferai particulièrement tous mes efforts pour ne pas retomber aujourd'hui dans les fautes que je commets si souvent, et dont je souhaite sincèrement de me corriger.

Demandons à Dieu les grâces qui nous sont nécessaires.

Mon Dieu, vous connaissez ma faiblesse : je ne puis rien sans le secours de votre grâce. Ne me la refusez pas, ô mon Dieu ; proportionnez-la à mes besoins ; donnez-moi assez de force pour éviter tout le mal que vous défendez, pour pratiquer tout le bien que vous attendez de moi, et pour souffrir patiemment toutes les peines qu'il vous plaira de m'envoyer.

ORAISON DOMINICALE.

Pater noster, qui es in Cœlis, sanctificetur Nomen tuum : adveniat regnum tuum ; fiat voluntas tua, sicut in Cœlo et in terrâ. Panem nostrum quotidianum da nobis hodiè, et dimitte nobis debita nostra, sicut et nos dimittimus debitoribus nostris; et ne nos inducas in tentationem; sed libera nos à malo. Amen.

SALUTATION ANGÉLIQUE.

Ave, Maria, gratiâ plena, Dominus tecum ; benedicta tu in mulieribus et benedictus fructus ventris tui, Jesus. Sancta Maria, Mater Dei, ora pro nobis peccatoribus, nunc et in horâ mortis nostræ. Amen.

SYMBOLE DES APÔTRES.

Credo in Deum, Patrem omnipoten-
tem, Creatorem Cœli et terræ : et in
Jesum Christum Filium ejus unicum,
Dominum nostrum, qui conceptus est
de Spiritu Sancto, natus ex Mariâ Vir-
gine : passus sub Pontio Pilato, cruci-
fixus, mortuus et sepultus : descendit
ad inferos, tertiâ die resurrexit à mor-
tuis : ascendit ad Cœlos : sedet ad dex-
teram Dei Patris omnipotentis : indè
venturus est judicare vivos et mortuos.
Credo in Spiritum Sanctum, sanctam
Ecclesiam catholicam, Sanctorum com-
munionem, remissionem peccatorum,
carnis resurrectionem, vitam æternam.
Amen.

CONFITEOR.

Confiteor Deo omnipotenti, beatæ
Mariæ semper Virgini, beato Michaeli
Archangelo, beato Joanni Baptistæ,
sanctis Apostolis Petro et Paulo, omnibus Sanctis, et tibi, Pater, quia peccavi
nimis cogitatione, verbo et opere, meâ
culpâ, meâ culpâ, meâ maximâ culpâ.

Ideo precor beatam Mariam semper Virginem, beatum Michaelem Archangelum, beatum Joannem Baptistam, sanctos apostolos Petrum et Paulum, omnes sanctos, et te, Pater, orare pro me ad Dominum Deum nostrum.

Misereatur nostrî omnipotens Deus, et dimissis peccatis nostris, perducat nos ad vitam æternam. Amen.

Indulgentiam, absolutionem et remissionem peccatorum nostrorum tribuat nobis omnipotens et misericors Dominus. Amen.

ACTE DE FOI.

Mon Dieu, je crois fermement toutes les vérités qui me sont enseignées par l'Eglise, parce que c'est vous, mon Dieu, qui les lui avez révélées.

ACTE D'ESPÉRANCE

Mon Dieu, j'espère, à cause de vos promesses et des mérites de Jésus-Christ, que vous me donnerez votre grâce dans cette vie, et, si j'y suis fidèle, votre paradis dans l'autre.

ACTE DE CHARITÉ.

Mon Dieu, je vous aime de tout mon cœur, par-dessus toutes choses, parce que vous êtes infiniment bon, infiniment aimable, et j'aime mon prochain, même mes ennemis, comme moi-même, pour l'amour de vous.

ACTE DE CONTRITION.

Mon Dieu, je me repens de tout mon cœur de vous avoir offensé, parce que vous êtes infiniment bon, infiniment aimable, et que le péché vous déplaît : je prends la résolution, avec le secours de votre sainte grâce, de ne plus vous offenser et de faire pénitence.

COMMANDEMENTS DE DIEU.

1. Un seul Dieu tu adoreras,
   Et aimeras parfaitement.

2. Dieu en vain tu ne jureras,
   Ni autre chose pareillement.

3. Les dimanches tu garderas,
   En servant Dieu dévotement,

4. Tes pères et mères honoreras,
   Afin de vivre longuement.

5. Homicide point ne seras,
   De fait ni volontairement.

6. Luxurieux point ne seras,
   De corps ni de consentement.

7. Les biens d'autrui tu ne prendras,
   Ni retiendras à son escient.

8. Faux témoignage ne diras,
   Ni mentiras aucunement.

9. L'œuvre de chair ne désireras,
   Qu'en mariage seulement.

10. Biens d'autrui ne convoiteras,
    Pour les avoir injustement.

COMMANDEMENTS DE L'ÉGLISE.

1. Fêtes et dimanches Messe ouïras,
   Y assistant entièrement.

2. Les fêtes tu sanctifieras,
   Qui te sont de commandement.

3. Tous tes péchés confesseras,
   A tout le moins une fois l'an.

4. Ton Créateur tu recevras,
   Au moins à Pâques humblement.

5. Quatre-temps, Vigiles jeûneras,
Et le Carême entièrement.

6. Vendredis chair ne mangeras ,
Ni le samedi pareillement.

*Invoquons la sainte Vierge, notre bon
Ange, notre saint Patron.*

Sainte Vierge, Mère de Dieu, ma mère et ma patronne, je me mets sous votre protection, et je me jette avec confiance dans le sein de votre miséricorde. Soyez, ô Mère de bonté, mon refuge dans mes besoins, ma consolation dans mes peines, et mon avocate auprès de votre adorable Fils, aujourd'hui, tous les jours de ma vie, et particulièrement à l'heure de ma mort.

Ange du Ciel, mon fidèle et charitable guide, obtenez-moi d'être si docile à vos inspirations, et de régler si bien mes pas, que je ne m'écarte en rien de la voie des Commandements de mon Dieu.

Grand Saint, dont j'ai l'honneur de porter le nom, protégez-moi, priez pour moi, afin que je puisse servir Dieu comme vous l'avez servi sur la terre, et le glorifier éternellement avec vous dans le Ciel.

LITANIES DU SAINT NOM DE JÉSUS.

Seigneur, ayez pitié de nous.
Jésus-Christ, ayez pitié de nous.
Seigneur, ayez pitié de nous.
Jésus, écoutez-nous.
Jésus, exaucez-nous.
Père céleste, qui êtes Dieu, ayez pitié.
Fils, Rédempteur du monde, qui êtes Dieu, ayez pitié de nous.
Esprit-Saint, qui êtes Dieu,
Trinité sainte, qui êtes un seul Dieu,
Jésus, Fils du Dieu vivant,
Jésus, splendeur du Père,
Jésus, l'éclat de la lumière éternelle,
Jésus, roi de gloire,
Jésus, Soleil de Justice,
Jésus, Fils de la Vierge Marie,
Jésus aimable,
Jésus admirable,
Jésus, Dieu fort,
Jésus, Père du siècle à venir,
Jésus, Ange du grand Conseil,

Ayez pitié de nous.

Jésus très-puissant, ayez pitié de nous.
Jésus très-patient,
Jésus très-obéissant,
Jésus doux et humble de cœur,
Jésus, qui aimez la chasteté,
Jésus, qui nous honorez de votre
    amour,
Jésus, Dieu de paix,
Jésus, auteur de la vie,
Jésus, modèle des vertus,
Jésus, zélateur des âmes,
Jésus, notre Dieu,
Jésus, notre refuge,
Jésus, Père des pauvres,
Jésus, trésor des fidèles,
Jésus, bon Pasteur,
Jésus, vraie Lumière,
Jésus, Sagesse éternelle,
Jésus, Bonté infinie,
Jésus, notre voie et notre vie,
Jésus, la joie des Anges,
Jésus, Roi des Patriarches,
Jésus, le maître des Apôtres,
Jésus, le docteur des Evangélistes,
Jésus, la force des Martyrs,
Jésus, la lumière des Confesseurs,
Jésus, la pureté des Vierges,

Ayez pitié de nous.

Jésus, la couronne de tous les Saints, ayez pitié de nous.

Soyez-nous propice, Jésus, pardonnez-nous.

Soyez-nous propice, Jésus, exaucez nos prières.

De tout péché, délivrez-nous, Jésus.

De votre colère,

Des embûches du démon,

De l'esprit d'impureté,

De la mort éternelle,

Du mépris de vos divines inspirations,

Par le mystère de votre sainte Incarnation,

Par votre naissance,

Par votre enfance,

Par votre vie toute divine,

Par vos travaux,

Par votre agonie et par votre Passion,

Par votre Croix et par le délaissement que vous y avez souffert,

Par vos langueurs,

Par votre mort et par votre sépulture,

Par votre Résurrection,

Par votre Ascension,

Par vos saintes joies,

Par votre gloire,

Délivrez-nous, Jésus.

Par la très-douce Vierge Marie, votre mère, délivrez-nous, Jésus.

Agneau de Dieu, qui effacez les péchés du monde, pardonnez-nous, Jésus.

Agneau de Dieu, qui effacez les péchés du monde, exaucez-nous, Jésus.

Agneau de Dieu, qui effacez les péchés du monde, ayez pitié de nous, Jésus.

Jésus, écoutez-nous.

Jésus, exaucez-nous.

PRIONS.

Seigneur, Jésus-Christ, qui avez dit : Demandez, et vous recevrez ; cherchez, et vous trouverez ; frappez, et il vous sera ouvert ; nous vous supplions d'allumer en nous le feu de votre divin amour, afin que nous vous aimions de tout notre cœur, que nous vous aimions de bouche et d'action, et que jamais nous ne cessions de vous louer, ô Dieu, qui vivez et régnez dans les siècles des siècles. Ainsi soit-il.

PRIÈRE DU SOIR.

Au nom du Père, et du Fils, et du Saint-Esprit. Ainsi soit-il.

Mettons-nous en la présence de Dieu et adorons-le.

Je vous adore, ô mon Dieu, avec le respect que m'inspire la présence de votre souveraine grandeur. Je crois en vous, parce que vous êtes la vérité même. J'espère en vous, parce que vous êtes infiniment bon. Je vous aime de tout mon cœur, parce que vous êtes souverainement aimable, et j'aime le prochain comme moi-même, pour l'amour de vous.

Remercions Dieu des grâces qu'il nous a faites.

Quelles actions de grâces vous rendrai-je, ô mon Dieu, pour tous les biens que j'ai reçus de vous? Vous avez songé

7

à moi de toute éternité, vous m'avez tiré du néant, vous avez donné votre vie pour me racheter, et vous me comblez encore tous les jours d'une infinité de faveurs. Hélas ! Seigneur, que puis-je faire en reconnaissance de tant de bontés ? Joignez-vous à moi, Esprits bienheureux, pour louer le Dieu des miséricordes, qui ne cesse de faire du bien à la plus indigne et à la plus ingrate de ses créatures.

Demandons à Dieu de connaître nos péchés.

Source éternelle de lumières, Esprit-Saint, dissipez les ténèbres qui me cachent la laideur et la malice du péché. Faites-m'en concevoir une si grande horreur, ô mon Dieu, que je le haïsse, s'il se peut, autant que vous le haïssez vous-même, et que je ne craigne rien tant que de le commettre à l'avenir.

Examinons-nous sur les péchés commis.

Envers Dieu : Prières mal faites. — Manque de confiance et de résignation ;

intentions mauvaises ou naturelles dans nos actions. — Respect humain. — Jurements, murmures, etc.

Envers le prochain : Haine. — Jalousie. — Désir de vengeance. — Querelles. — Emportements. — Imprécations. — Injures. — Railleries. — Dommages aux biens ou à la réputation d'autrui. — Mauvais exemple, scandale. — Manque de respect, d'obéissance, de fidélité.

Envers nous-mêmes : Orgueil, vanité. — Pensées, désirs, discours et actions contraires à la pureté. — Gourmandise. — Colère. — Vie inutile et sensuelle. — Paresse à remplir les devoirs de notre état.

Faisons un acte de Contrition.

Me voici, Seigneur, tout couvert de confusion et pénétré de douleur à la vue de mes fautes. Je viens les détester devant vous avec un vrai déplaisir d'avoir offensé un Dieu si bon, si aimable et si digne d'être aimé. Etait-ce donc là, ô mon Dieu ! ce que vous deviez attendre de ma reconnaissance, après m'avoir aimé jusqu'à répandre votre sang pour moi? Oui, Seigneur, j'ai poussé trop loin ma malice et mon ingratitude. Je vous en demande très-humblement pardon, et je vous conjure, ô mon Dieu! par cette même bonté dont j'ai ressenti tant de fois les effets, de m'accorder la grâce d'en faire dès aujourd'hui, et jusqu'à la mort, une sincère pénitence.

Formons un ferme propos de ne plus pécher.

Que je souhaiterais, ô mon Dieu, de ne vous avoir jamais offensé! Mais, puisque j'ai été assez malheureux pour vous déplaire, je vais vous marquer la douleur que j'en ai par une conduite tout opposée à celle que j'ai gardée jusqu'ici. Je renonce dès à présent au péché, et à l'occasion du péché, surtout de celui où j'ai la faiblesse de retomber si souvent. Et si vous daignez m'accorder votre grâce, ainsi que je vous la demande et que je l'espère, je tâcherai de remplir fidèlement mes devoirs, et rien ne sera capable de m'arrêter quand il s'agira de vous servir.

Ainsi soit-il

ORAISON DOMINICALE.

Notre Père, qui êtes aux Cieux, que votre Nom soit sanctifié; que votre règne arrive; que votre volonté soit faite sur la terre comme au ciel. Donnez-nous aujourd'hui notre pain de chaque jour; pardonnez--nous nos offenses comme nous pardonnons à ceux qui nous ont offensés, et ne nous abandonnez pas à la tentation, mais délivrez-nous du mal.

Ainsi soit-il.

SALUTATION ANGÉLIQUE.

Je vous salue, Marie, pleine de grâces, le Seigneur est avec vous; vous êtes bénie entre toutes les femmes; et Jésus, le fruit de vos entrailles, est béni. Sainte Marie, Mère de Dieu, priez pour nous, pauvres pécheurs, maintenant et à l'heure de notre mort.

Ainsi soit-il,

SYMBOLE DES APÔTRES.

Je crois en Dieu, le Père Tout-Puissant, Créateur du Ciel et de la terre, et en Jésus-Christ, son Fils unique, notre Seigneur ; qui a été conçu du Saint-Esprit, est né de la Vierge Marie ; a souffert sous Ponce-Pilate, a été crucifié, est mort, a été enseveli, est descendu aux enfers ; le troisième jour est ressuscité des morts ; est monté aux cieux ; est assis à la droite de Dieu le Père Tout-Puissant, d'où il viendra juger les vivants et les morts. Je crois au Saint-Esprit, la sainte Eglise catholique, la Communion des Saints, la rémission des péchés, la résurrection de la chair, la vie éternelle.

Ainsi soit-il.

CONFITEOR.

Je confesse à Dieu Tout-Puissant, à la bienheureuse Marie, toujours Vierge, à saint Michel Archange, à saint Jean-Baptiste, aux saints Apôtres Pierre et Paul, à tous les Saints (et à vous, mon

Père), que j'ai beaucoup péché par pensées, par paroles, par actions et par omissions : c'est ma faute, c'est ma faute, c'est ma très-grande faute : c'est pourquoi je supplie la bienheureuse Marie toujours Vierge, saint Michel Archange, saint Jean-Baptiste, les saints Apôtres Pierre et Paul, tous les Saints (et vous, mon Père), de prier pour moi le Seigneur notre Dieu.

Que le Dieu Tout-Puissant nous fasse miséricorde ; qu'il nous pardonne nos péchés, et nous conduise à la vie éternelle. Ainsi soit-il.

Que le Seigneur Tout-Puissant et miséricordieux nous donne indulgence, absolution et rémission de tous nos péchés.

Ainsi soit-il.

Recommandons-nous à Dieu, à la sainte Vierge et aux Saints.

Bénissez, ô mon Dieu ! le repos que je vais prendre pour réparer mes forces, afin de vous mieux servir. Vierge sainte, mère de mon Dieu, et après lui mon unique espérance ; mon bon Ange, mon saint Patron, intercédez pour moi, protégez-moi pendant cette nuit, tout le temps de ma vie, et particulièrement à l'heure de ma mort. Ainsi soit-il.

Prions pour les vivants et pour les fidèles trépassés.

Répandez, Seigneur, vos bénédictions sur mes parents, mes bienfaiteurs, mes amis et mes ennemis. Protégez tous ceux que vous m'avez donnés pour maîtres, tant spirituels que temporels. Secourez les pauvres, les prisonniers, les affligés, les voyageurs, les malades et les agonisants. Convertissez les hérétiques, et éclairez les infidèles.

Dieu de bonté et de miséricorde, ayez aussi pitié des âmes des fidèles qui sont dans le purgatoire. Mettez fin à leurs peines, et donnez à celles pour lesquelles je suis obligé de prier, le repos et la lumière éternelle. Ainsi soit-il.

PRIÈRE.

Nous vous supplions, Seigneur, de visiter cette demeure et d'en éloigner toutes sortes d'embûches de l'ennemi ; que vos saints Anges y habitent, afin de nous conserver en paix, et que votre bénédiction soit toujours sur nous. Par Notre-Seigneur Jésus-Christ.

Ainsi soit-il.

Pensons que nous pouvons mourir cette nuit, et voyons si nous sommes prêts à paraître au Jugement de Dieu.

Mon Dieu, je sais que je mourrai, mais je ne sais quand je mourrai : peut-être m'appellerez-vous cette nuit à votre jugement, pour me demander compte de toute ma vie. Ah ! Seigneur, mettez mon âme dans l'état où elle voudrait être à ce moment terrib'e ; donnez-moi un regret sincère de mes fautes, une ferme résolution de ne les plus commettre, et une entière confiance en votre miséricorde. Ainsi soit-il.

Actes de Foi, d'Espérance et de Charité, pages 89 et 90.

LITANIES DE LA SAINTE VIERGE.

Seigneur, ayez pitié de nous.	*Kyrie, eleison.*
Jésus-Christ, ayez pitie de nous.	*Christe, eleison.*
Seigneur, ayez pitié de nous.	*Kyrie, eleison,*
Jésus, écoutez-nous.	*Christe, audi nos.*
Jésus, exaucez-nous.	*Christe, exaudi nos.*
Père éternel, qui êtes Dieu, faites-nous miséricorde.	*Pater de cœlis, Deus, miserere nobis.*
Fils, Rédempteur du monde, qui êtes Dieu, faites-nous miséricorde.	*Fili, Redemptor mundi, Deus, miserere nobis.*
Esprit-Saint, qui êtes Dieu, faites nous miséricorde.	*Spiritus sancte, Deus, miserere nobis.*
Trinité sainte, qui êtes un seul Dieu, faites-nous miséricorde.	*Sancta Trinitas, unus Deus, miserere nobis.*
Sainte Marie, priez pour nous.	*Sancta Maria, ora pro nobis.*

Sancta Dei geni-trix, ora pro nobis. Sainte Mère de Dieu, priez pour nous.

Sancta Virgo vir-ginum, ora pro nobis. Sainte Vierge des vierges, priez pour nous.

Mater Christi, ora pro nobis. Mère de Jésus-Christ, priez pour nous.

Mater divinæ gratiæ, ora pro nobis. Mère de la grâce divine, priez pour nous.

Mater purissima, ora pro nobis. Mère très-pure, priez pour nous.

Mater castissima, ora pro nobis. Mère très-chaste, priez pour nous.

Mater inviolata, ora pro nobis. Mère parfaitement vierge, priez pour n.

Mater inteme-rata, ora pro nobis. Mère qui êtes sans tache, priez pour nous.

Mater amabilis, ora pro nobis. Mère qui êtes tout aimable, priez pour n.

Mater admirabi-lis, ora pro no-bis. Mère qui êtes tout admirable, priez pour nous.

Mater Creatoris, ora pro nobis. Mère du créateur, priez pour nous.

Mère du Sauveur, priez pour nous.	*Mater Salvatoris, ora pro nobis.*
Vierge très-prudente, priez pour nous.	*Virgo prudentissima, ora pro nobis.*
Vierge digne de tout honneur, priez.	*Virgo veneranda, ora pro nobis.*
Vierge digne de toutes louanges, priez pour nous.	*Virgo prædicanda, ora pro nobis.*
Vierge très-puissante, priez pour nous.	*Virgo potens, ora pro nobis.*
Vierge pleine de clémence, priez pour n.	*Virgo clemens, ora pro nobis.*
Vierge très-fidèle, priez pour nous.	*Virgo fidelis, ora pro nobis.*
Vous qui êtes un modèle de piété, priez pour nous.	*Speculum justitiæ, ora pro nobis.*
Vous qui êtes le siége de la sagesse, priez pour nous.	*Sedes sapientiæ, ora pro nobis.*
Vous qui êtes la source de notre joie, priez pour nous.	*Causa nostræ lætitiæ, ora pro nobis.*
Vous qui êtes un vase spirituel, priez pour nous.	*Vas spirituale, ora pro nobis.*

Vas honorabile, ora pro nobis.	Vous qui êtes un vase d'honneur, priez pour nous.
Vas insigne devotionis, ora pro nobis.	Vous qui êtes un vase rempli d'une rare piété, priez pour n.
Rosa mystica, ora pro nobis.	Vous qui êtes une rose mystérieuse, priez pour nous.
Turris Davidica, ora pro nobis.	Vous qui êtes la tour du vrai David, priez pour nous.
Turris eburnea, ora pro nobis.	Vous qui êtes comme une tour d'ivoire, priez pour nous.
Domus aurea, ora pro nobis.	Vous dont le cœur est revêtu de l'or de la charité, priez pour nous.
Fœderis arca, ora pro nobis.	Vous qui êtes l'arche de la vraie alliance, priez pour nous.
Janua cœli, ora pro nobis.	Vous qui êtes la porte du ciel, priez pour nous.
Stella matutina, ora pro nobis.	Vous qui brillez comme l'étoile du matin, priez pour n.

Vous qui donnez la santé aux malades, priez pour nous.

Salus infirmorum, ora pro nobis.

Vous qui êtes le refuge des pécheurs, priez pour nous.

Refugium peccatorum, ora pro nobis.

Vous qui êtes la consolation des affligés, priez pour nous.

Consolatrix aflictorum, ora pro nobis.

Vous qui êtes le secours des chrétiens, priez pour nous.

Auxilium Christianorum, ora pro nobis.

Reine des Anges, priez pour nous.

Regina Angelorum, ora pro nobis.

Reine des Patriarches, priez pour nous.

Regina Patriarcharum, ora pro nobis.

Reine des Prophètes, priez pour nous.

Regina Prophetarum, ora pro nobis.

Reine des Apôtres, priez pour nous.

Regina Apostolorum, ora pro nobis.

Reine des Martyrs, priez pour nous.

Regina Martyrum, ora pro nobis.

Regina Confessorum, ora pro nobis.	Reine des Confesseurs, priez pour nous.
Regina Virginum, ora pro nobis.	Reine des Vierges, priez pour nous.
Regina Sanctorum omnium, ora pro nobis.	Reine de tous les Saints, priez pour nous
Agnus Dei qui tollis peccata mundi, parce nobis, Domine.	Agneau de Dieu, qui effacez les péchés du monde, pardonnez-nous, Seigneur.
Agnus Dei, qui tollis peccata mundi, exaudi nos, Domine.	Agneau de Dieu, qui effacez les péchés du monde, exaucez-nous, Seigneur.
Agnus Dei, qui tollis peccata mundi, miserere nobis.	Agneau de Dieu, qui effacez les péchés du monde, faites-nous miséricorde.
℣. *Ora pro nobis sancta Dei genitrix;*	℣. Priez pour nous, sainte Mère de Dieu ;

℟. Afin que nous soyons rendus dignes des promesses de notre Seigneur Jésus-Christ.

℟. *Ut digni efficiamur promissionibus Christi.*

ORAISON.

Accordez-nous, s'il vous plaît, Seigneur Dieu, à nous qui sommes vos serviteurs, une santé perpétuelle de corps et d'esprit ; et que par l'intercession de la sainte et glorieuse vierge Marie, nous soyons délivrés des afflictions présentes et jouissions un jour des joies éternelles, par notre Seigneur Jésus-Christ. Ainsi soit-il.

ORATIO.

Concede nos famulos tuos, quæsumus, Domine, Deus, perpetua mentis, et corporis sanitate gaudere ; et gloriosa beatæ Mariæ semper Virginis intercessione ; à præsenti liberari tristitia et æterna perfrui lætitia. Per Christum Dominum nostrum. Amen.

MÉTHODE

POUR ENTENDRE LA SAINTE MESSE

EN UNION

AVEC LES SACRÉS CŒURS DE JÉSUS
ET DE MARIE AU CALVAIRE.

Suivant le concile de Trente, le *saint sacrifice de la Messe est le même que celui de la Croix, puisque c'est la même victime qui est offerte dans l'un et dans l'autre, avec cette seule différence que Jésus-Christ, souverain prêtre, s'offrit lui-même d'une manière sanglante sur le Calvaire, et qu'il s'offre sur l'autel d'une manière non sanglante, par les mains des prêtres ses ministres.* La meilleure méthode pour entendre la Messe est donc de nous figurer l'autel comme un nouveau Calvaire, ou plutôt de nous transporter en esprit sur le Calvaire lui-même, en nous unissant aux dispositions du sacré Cœur de Jésus s'offrant à

8

son Père pour réparer les outrages faits à sa gloire et expier les péchés des hommes, et aux dispositions du Cœur de Marie qui furent en tout parfaitement conformes à celles de son divin Fils.

Voici ce que nous lisons dans la vie de la vénérable Marguerite-Marie de la Visitation, qui a été favorisée de tant de révélations au sujet de la dévotion au sacré Cœur de Jésus, révélations suffisamment reconnues par l'Eglise, qui a autorisé la fête et le culte du sacré Cœur, conformément à ces mêmes révélations : *Ce fut Notre-Seigneur lui-même qui enseigna à sa pieuse servante à entendre la sainte Messe avec les dispositions du Cœur de Marie au pied de la Croix, offrant au Père éternel la passion et les souffrances de son Fils, pour obtenir la conversion des cœurs infidèles et endurcis.*

Nous conseillons aux personnes qui se serviront de cette méthode, de ne pas la parcourir en entier à chaque Messe, mais d'en prendre successivement une partie chaque jour et de la lire avec réflexion. Une fois qu'on s'est uni au prêtre, toute prière vocale ou mentale suffit pour assister au saint sacrifice ; mais l'exercice le plus parfait est certainement la méditation de la Passion de Jésus-Christ, et enseigner cet exercice de vive voix ou par écrit est une œuvre de zèle bien agréable aux sacrés Cœurs de Jésus et de Marie.

PRIÈRE AVANT LA MESSE.

Cœur adorable de Jésus, seul parfait adorateur de la divine Majesté et unique médiateur entre Dieu offensé et l'homme coupable, je m'unis aux intentions qui vous portèrent à vous immoler sur la Croix, et qui vous portent à vous immoler encore tous les jours sur l'autel. Faites que j'assiste à cette Messe avec les sentiments dont était pénétré le Cœur de Marie sur le Calvaire, et au pied des autels lorsqu'elle assistait à la Messe célébrée par les Apôtres.

Obtenez-moi, divin Cœur de Marie, la foi vive et l'amour ardent avec lesquels vous vous immoliez vous-même en union avec la divine Victime.

PENDANT LE CONFITEOR.

Considérez le Cœur de Jésus agonisant au Jardin des Oliviers et plongé dans la tristesse à la vue de vos ingratitudes et des châtiments qu'elles ont mérités, et le Cœur de Marie, retirée dans sa cellule, partageant toute la tristesse du Cœur de son divin Fils.

Divin Jésus, j'étais présent à votre pensée avec le cortége affreux de mes péchés, lorsque votre Cœur fut saisi de crainte, de tristesse et d'ennui, à la vue du calice amer de la Passion qui vous était présenté pour les expier. C'est moi qui ai été, par mes ingratitudes, la cause de votre agonie mortelle, et de la sueur de sang dont vous avez arrosé le jardin des Oliviers. C'est moi qui ai plongé le Cœur de Marie dans un océan d'amertume. Oui, c'est *par ma faute*, que Jésus et Marie ont enduré de si cruelles souffrances pendant tout le cours de la Passion; *c'est par ma propre faute*, *c'est par ma très-grande faute*. Pardonnez-moi, Cœur miséricordieux de Jésus, comme vous pardonnâtes à Magdeleine pénitente et au larron repentant et résigné sur sa croix. Je supplie le Cœur de la bienheureuse Marie toujours Vierge de vouloir bien intercéder pour moi, afin que j'obtienne un cœur contrit et humilié qui me fasse trouver grâce devant la divine Clémence.

A L'INTROIT ET AU KYRIE.

Accompagnez en esprit Jésus-Christ, qui est conduit, chargé de chaînes, devant le tribunal du Grand-Prêtre.

C'est pour m'affranchir des chaînes du péché et me gratifier de la sainte liberté des enfants de Dieu, que votre Cœur généreux, ô divin Sauveur, a consenti à subir les chaînes et la prison. C'est par le même sentiment de miséricorde et de charité que votre Cœur, ô Marie, a consenti à l'humiliante captivité de votre Fils. Et moi, aveugle et ingrat, j'ai renoncé, par le péché, au bienfait de ma Rédemption, et je me suis engagé de nouveau dans le plus honteux esclavage, sous la tyrannie du démon et des mauvaises habitudes. Cœurs sacrés de Jésus et de Marie, ayez compassion de ma misère et réclamez pour moi, je vous prie, la miséricorde de la très-sainte Trinité, afin que, renonçant aux habitudes et aux occasions du péché, je rentre en possession des droits que me conféra le baptême, et que j'honore désormais par la sainteté de ma vie, le Père céleste qui m'a adopté, le Fils de Dieu qui m'a fait membre de son corps mystique, et l'Esprit-Saint qui veut habiter en moi comme dans son temple vivant.

AU GLORIA IN EXCELSIS.

Contemplez Jésus-Christ confessant sa divinité devant le tribunal du Grand-Prêtre, quoiqu'il sache que cette généreuse confession ne lui attirera que des outrages et une sentence de mort.

Dans les opprobres et les humiliations de la Passion, le Cœur de Jésus adore, loue, bénit et glorifie les perfections divines qui ont trouvé le secret admirable de punir le péché sans perdre les pécheurs en faisant tomber toute la rigueur de la justice sur le Juste et le Saint, parce qu'il s'est fait caution pour leurs crimes. Le Cœur de Marie s'unit aux adorations, aux louanges et aux actions de grâce du Cœur de Jésus.

Qu'il me soit permis, Trinité sainte, de m'unir aux hommages que vous rendent ces divins Cœurs, et de bénir votre sainteté, votre justice, votre sagesse, votre miséricorde, votre bonté infinie dans le temps et dans l'éternité.

Ainsi soit-il.

AUX ORAISONS.

Transportez-vous en esprit dans la prison où Jésus, livré à la garde des soldats et des valets du Grand-Prêtre, est rassasié d'opprobres pendant le reste de la nuit de sa Passion.

Divin Agneau, votre langue était muette pendant que vos ennemis vous donnaient des soufflets, souillaient votre auguste face d'horribles crachats et blasphémaient contre votre Divinité; mais votre cœur charitable demandait grâce pour ces impies et pour tous les pécheurs qui vous ont outragé par leur bouche et par leurs mains. Cœur aimable de Jésus, demandez grâce pour moi; et vous, auguste Marie, obtenez-moi de graver dans mon cœur et d'imiter comme vous les exemples de douceur, d'humilité, de patience et de charité, que m'a donnés votre adorable Fils,

A L'ÉPITRE.

Suivez Jésus-Christ renvoyé du tribunal de Caïphe à celui de Pilate, et du tribunal de Pilate à celui d'Hérode.

C'est pour recevoir plus d'opprobres que vous avez voulu comparaître successivement devant les tribunaux de tant de juges iniques, ô divin Jésus ! c'est afin de mériter à vos disciples fidèles la grâce d'estimer leur bonheur, lorsqu'ils sont *calomniés et persécutés pour la justice*. Tant votre Cœur était avide d'humiliations ! tant il avait de zèle et de charité ! O Marie, vous fûtes la première à vous pénétrer des sentiments du Cœur de votre Fils, à profiter, à son école, de cette grande leçon qu'il nous a donnée : *Apprenez de moi que je suis doux et humble de Cœur.* Vous pardonnâtes généreusement à ces juges injustes et cruels qui faisaient subir à l'envi au Saint des saints, annoncé par tant de prophéties et désiré de toutes les nations, les affronts et les ignominies. Cœur de Marie ! obtenez-moi la grâce de me conformer comme vous aux sentiments du Cœur de votre Fils et de rendre à mes ennemis l'amour pour la haine, les services pour les mauvais traitements et les bénédictions pour les malédictions.

A L'ÉVANGILE.

Ecoutez avec foi cette déclaration que Jésus fait à Pilate : « Je suis venu dans le monde afin de rendre témoignage à la vérité. Quiconque appartient à la vérité, écoute ma voix (Joan., 18, 37). » Gémissez sur l'indifférence de Pilate qui, après avoir demandé à Jésus : « Qu'est-ce que la vérité? » sort, sans attendre une réponse de laquelle dépendait son salut.

Oui, je crois, ô divin Jésus, que c'est *pour rendre témoignage à la vérité que vous êtes venu dans le monde*. Votre Cœur compatissant a été touché en le voyant désolé par les erreurs et les vices; et alors, *pressé par les entrailles de votre miséricorde*, vous êtes venu lui enseigner, par votre doctrine et vos exemples, *la voie véritable qui conduit à la vie*. Ne permettez pas, Seigneur, que j'imite l'infidèle Pilate et tant d'indifférents en matière de religion. Faites au contraire que, par ma docilité à écouter votre voix, je me montre constamment *enfant de la vérité*. O Marie ! *qui conserviez avec dant de soins dans votre Cœur les paroles de votre Fils, que vous avez mérité d'être proclamée plus heureuse pour votre fidélité à les écouter et à les mettre en pratique, que pour le privilége de la maternité divine*, obtenez-moi la grâce d'imiter votre fidélité en professant hautement la foi catholique, et en pratiquant, sans respect humain, tous les devoirs qu'elle impose.

AU CREDO

Vous êtes bienheureuse, ô Marie ! parce que vous avez cru les mystères ineffables qui vous ont été révélés d'en haut : *Beata quæ credidisti* (Luc. 1, 44), et c'est en récompense de votre foi que vous avez été choisie pour être la coopératrice de leur accomplissement. Les anéantissements de l'incarnation, les humiliations de la crèche et les opprobres de la Croix n'ont pu vous faire douter un seul instant de la divinité de votre Fils, ni de la vérité des promesses du Ciel,

Obtenez-moi, ô Mère du Verbe incarné, l'inébranlable fermeté de votre Cœur, afin que je croie constamment toutes les vérités qui m'ont été révélées par votre Fils et que m'enseigne l'Eglise catholique, afin que jamais les scandales de l'incrédulité ni les persécutions du monde ne m'empêchent de faire des vérités de ma foi la règle de mes pensées, de mes paroles et de toute ma conduite.

A L'OFFERTOIRE.

Considérez comment un lâche respect porte Pilate à faire endurer à Jésus le supplice de la flagellation et du couronnement d'épines, et enfin à prononcer contre le Fils de Dieu une sentence de mort, quoiqu'il soit convaincu de son innocence.

C'est pour expier nos péchés d'orgueil et de sensualité que vous avez consenti, ô Jésus ! à être flagellé et couronné d'épines. C'est pour rendre hommage au souverain domaine de votre Père sur la vie et sur la mort, que vous voulez vous soumettre à cet arrêt de mort prononcé par un juge païen, tant votre Cœur généreux a de zèle pour la gloire de Dieu et le salut des hommes ! C'est dans le même esprit de zèle et de charité que le Cœur de notre divine Mère acquiesce à cette cruelle sentence, et consent à vous voir immolé sur la Croix. Adorable Rédempteur, qui allez encore vous immoler sur l'autel, agréez l'offrande que je vous fais dans ce sacrifice de tout ce que j'ai, de tout ce que je suis et de tout ce que je possède ou pourrai jamais posséder sur la terre. Trop heureux si, **en** union à votre sacrifice et à celui de votre Mère, je pouvais m'immoler pour la cause de la foi ou pour la sanctification des âmes que vous avez rachetées de votre sang.

A L'ORATE FRATRES ET AUX SECRÈTES.

Considérez avec quel amour Jésus accepte la Croix, instrument de notre salut, que l'on place sur ses épaules.

Vous avez dit, ô divin Jésus! en prédisant votre passion : *Je dois être baptisé d'un baptême de sang, et combien me sens-je pressé jusqu'à ce qu'il s'accomplisse !* (Luc, 12, 50.)

Avec quel empressement donc vous embrassâtes la croix qui devait être l'instrument de ce baptême sanglant après lequel soupirait votre divin Cœur ! C'est la malice des hommes qui vous l'a préparée ; mais vous l'acceptez de la main de votre Père, qui se sert de leurs mauvaises dispositions pour accomplir les éternels desseins de sa miséricorde. Votre Cœur, ô Marie ! partageait les sentiments du Cœur de votre Eils, et se résignait à porter une croix intérieure qui n'était pas moins cruelle. Obtenez-moi la grâce de recevoir amoureusement les croix que me ménagera la divine Providence, dans les peines et les afflictions de la vie, et de les faire servir, suivant ses adorables desseins, à l'expiation de mes péchés, à l'exercice de l'humilité, de la patience, de la charité, et à l'augmentation de mes mérites.

A LA PRÉFACE ET AU SANCTUS.

Contemplez Jésus s'acheminant du Prétoire au Calvaire chargé de sa Croix.

« Les cœurs en haut ! » *Sursùm corda*, nous dit le célébrant, afin de nous inviter à des pensées et à des sentiments dignes de l'action par excellence qui va être accomplie. *Les cœurs en haut !* nous crient Jésus et Marie montant au Calvaire. Ici, point de pensées basses et terrestres, point de sentiments charnels et humains.

Je veux entrer dans les intentions et les sentiments de votre Cœur, ô divin Jésus ! Vous montez au Calvaire pour rendre à la divine Majesté l'hommage souverain qui lui est dû, pour rendre à la divine Bonté des actions de grâce proportionnées à ses bienfaits, pour offrir à la divine Justice une satisfaction qui compense parfaitement l'injure que nos crimes ont faite à sa sainteté, et enfin obtenir de la divine Clémence toute grâce et toute bénédiction. Le Cœur de Marie s'unit à vos intentions et à vos sentiments en vous accompagnant au Calvaire. C'est dans les mêmes intentions et les mêmes sentiments que je vous offre ce saint Sacrifice, ô Trinité sainte ! et je m'unis aux cantiques par lesquels les anges et les Archanges, les Trônes et les Dominations, et toutes les Puissances de la milice céleste glorifièrent votre Sainteté infinie pendant le sacrifice du Calvaire, la glorifieront jusqu'à la consommation des siècles pendant l'oblation de la sainte Messe, et sans fin pendant l'éternité.

DEPUIS LE SANCTUS JUSQU'A LA CONSÉCRATION.

Contemplez Jésus, l'Agneau sans tache, dépouillé de ses vêtements, étendu sur la Croix et cloué à l'autel de son sacrifice.

C'est à ce point que vous m'avez aimée, ô divin Jésus ! jusqu'à vous livrer pour mon amour aux tourments du plus ignominieux et du plus cruel des supplices.

C'est ainsi que vous avez voulu expier le mauvais usage que j'ai fait si souvent de mes pieds et de mes mains ! Et moi, je n'ai pas encore commencé à vous aimer ; au contraire, je n'ai fait, jusqu'à ce jour, que vous offenser et contrister votre adorable Cœur par mes ingratitudes et mes infidélités. Attachez aujourd'hui tous mes péchés à votre Croix, ainsi que la sentence de mort qu'ils m'ont méritée, afin qu'ils soient effacés, ainsi que l'arrêt de ma condamnation, par le sang qui découle de vos plaies sacrées.

Je vous offre, Père céleste, l'Agneau qui efface les péchés du monde, en expiation de tous les péchés par lesquels j'ai outragé votre Majesté sainte ; daignez, en vue de ses mérites, m'en accorder le pardon. Je vous offre la charité infinie qui l'a porté à s'immoler pour votre gloire et le salut du genre humain, en expiation de ma tiédeur dans votre service. Je vous offre, pour les mêmes fins, les douleurs cruelles du Cœur de Marie, lorsqu'elle entendit le bruit horrible des marteaux qui enfonçaient les clous dans les pieds et les mains de son Fils bien-aimé, et l'affreux écho du Calvaire, qui en redoublant les coups redoublait ses tourments, et multipliait les glaives qui transperçaient son âme.

C'est en vue des mérites de la charité infinie du Cœur de votre Fils et des douleurs du Cœur immaculé de Marie, que je vous supplie, ô Père tout-puissant, de protéger votre Eglise et les pasteurs qui la gouvernent au milieu de tant de périls et de combats. Accordez-leur à tous les lumières et la force nécessaires pour nous diriger, sans naufrage, à travers tant d'écueils et nous conduire au port du salut. Daignez mettre un terme aux ravages que causent l'incrédulité, le schisme et l'hérésie dans la vigne arrosée du sang et des sueurs de votre Fils, et du sang et des sueurs des Apôtres et des Martyrs ; accordez-nous à tous, et spécialement aux personnes pour lesquelles je suis obligé de prier, des jours paisibles sur la terre, et le bonheur d'être comptée au nombre de vos élus dans le Ciel.

DEPUIS L'ÉLÉVATION JUSQU'AU PATER.

Comtemplez Jésus-Christ élevé sur la Croix entre le ciel et la terre et faisant l'office de Médiateur entre Dieu et les hommes, tandis que Marie, debout au pied de la Croix, remplit l'office de Médiatrice auprès de Jésus, souverain Médiateur.

Je vous entends, ô divin Jésus ! qui dites encore à votre Père comme au jour de votre entrée dans le monde par l'Incarnation : *Les victimes et les holocaus-*

tes qui vous étaient offerts dans l'ancienne loi ne pouvaient vous plaire ni apaiser votre courroux. Me voici donc, ô mon Père ! en état de victime ; vous m'avez revêtu d'un corps ; je vous l'offre en sacrifice pour les péchés de tous les hommes ; je l'immole à votre gloire en réparation de tous les outrages qui vous ont été faits par les pécheurs. Il est écrit que je ferai en tout votre volonté ; je le veux, ô mon Père ! Elle est gravée au milieu de mon Cœur cette volonté sainte, et non content de vous avoir obéi jusqu'à la mort et à la mort de la Croix, je veux vous obéir jusqu'à la consommation des siècles, en m'immolant chaque jour entre les mains des prêtres mes ministres.

Oui, Père saint, je crois fermement que votre adorable Fils est en ce moment sur cet autel en qualité de victime. Je l'offre donc à votre glorieuse Majesté, cette hostie pure et sainte, cette hostie immaculée, ce pain de la vie éternelle, ce calice du salut. Ordonnez, Seigneur, que cette oblation sans tache soit portée par la main de votre saint Ange sur votre áutel sublime , dans le Ciel , afin qu'elle apaise votre justice et m'obtienne de votre miséricorde toutes sortes de grâces et de bénédictions.

C'est par le Cœur de Jésus , dans le Cœur de Jésus et avec le Cœur de Jésus s'offrant lui-même sur l'autel , que je vous rends , Trinité sainte , tout honneur et toute gloire sur la terre ; c'est dans le Cœur de Jésus , par le Cœur de Jésus et avec le Cœur de Jésus , que j'espère , toute pécheresse que je suis , vous rendre tout honneur et toute gloire pendant l'éternité.

Cœur de Marie , vous étiez transpercé du glaive de douleur à la vue de Jésus immolé sur la croix , et, pendant le reste de votre vie , la vue seule de l'adorable Victime offerte sur l'autel , par les mains des Apôtres , renouvelait toutes vos douleurs du Calvaire ; daignez me faire participer à vos angoisses et aux plaies de votre Fils mort pour me racheter ; obtenez-moi de compatir toute ma vie à sa Passion et à vos douleurs ; obtenez-moi le zèle de la gloire de Dieu et du salut des âmes dont le Cœur de Jésus embrasa votre Cœur sur le Calvaire, mais surtout un zèle constant pour la sanctification et le salut de mon âme rachetée à si grand prix.

AU PATER.

Les personnes qui trouveraient cet exercice trop long, peuvent omettre cette paraphrase du *Pater* et se contenter de réciter l'*Oraison Dominicale.*

Ecoutez et méditez les sept paroles de Jésus en Croix, et faites avec confiance les sept demandes de l'Oraison Dominicale, que Jésus-Christ lui-même nous a enseignée.

1° — *Notre Père qui êtes aux cieux, que votre nom soit sanctifié.* — Cette demande est justement la première, puisque la sanctification et la gloire de votre saint nom, ô mon Dieu ! est le premier et le plus excellent de tous les biens, auquel je dois être prêt à sacrifier tous les autres, avec la même générosité que Jésus, votre Fils, lorsque, immolant à votre gloire sa vie qui était d'un prix infini, il vous dit avant d'expirer : *Mon Père, je remets mon esprit entre vos mains.*

2° — *Que votre règne arrive.* — Régnez, ô mon Dieu ! dans mon cœur, par votre grâce ; puissé-je contribuer à vous faire régner dans tous les cœurs, par la charité ! puissé-je, tout pécheur que je suis, avoir la consolation d'entendre, à l'heure de ma mort, les paroles qui remplirent de consolation le bon larron sur la croix : *Aujourd'hui vous règnerez avec moi en paradis !*

O Marie ! qui avez obtenu par votre médiation une sainte mort à ce grand criminel, obtenez-moi de mourir de la mort des justes, afin de régner avec vous et votre Fils dans la gloire.

3° — *Que votre volonté soit faite sur la terre comme au ciel.* — Accordez-moi, ô mon Dieu ! la grâce d'imiter, non-seulement la fidélité avec laquelle les Anges accomplissent votre volonté dans le ciel, mais surtout la parfaite obéissance de Jésus, votre Fils, qui a répété si souvent, au jardin des Oliviers, ces admirables paroles : *Votre volonté soit faite et non la mienne*, et qui, en disant sur la croix : *J'ai soif,* était surtout altéré de la soif de faire votre volonté sainte.

Obtenez-moi, ô Marie! de pratiquer cette parfaite conformité à la volonté de Dieu dont vous m'avez donné l'exemple durant toute votre vie, mais surtout pendant la Passion de votre divin Fils.

4° — *Donnez-nous aujourd'hui notre pain de chaque jour.* — Votre Providence, ô Père céleste! prend soin de tous ceux qui se confient en elle; il n'y a que votre Fils bien-aimé qui a eu lieu de dire sur la Croix : *O Dieu! ô mon Dieu! pourquoi m'avez-vous abandonné?* Mais c'est précisément afin que nous ne soyons pas abandonnés à la rigueur de votre justice, après vous avoir abandonné par le péché, que vous avez abandonné votre Fils aux opprobres et aux tourments, sans secours ni consolation.

Non, je ne veux plus abandonner mon Père céleste, je ne veux plus vous abandonner, ô divin Jésus! *parce que vous seul avez les paroles de la vie éternelle* qui sont, avec la grâce et la sainte Eucharistie, la nourriture de mon âme.

5° — *Pardonnez-nous nos offenses, comme nous pardonnons à ceux qui nous ont offensé.* — Et comment, ô mon Dieu ! pourrais-je refuser de pardonner à mes ennemis, lorsque je vous entends, oubliant vos tourments, élever la voix pour implorer le pardon de vos bourreaux : *Mon Père, pardonnez-leur, ils ne savent ce qu'ils font;* lorsque je vois Marie au pied de la croix demander grâce pour les meurtriers de son Fils ? Je pardonne donc de bon cœur, pour imiter la charité des sacrés Cœurs de Jésus et de Marie, et mériter par là d'obtenir moi-même le pardon de mes nombreuses offenses.

6° — *Ne nous induisez point en tentation.* — Je n'ai plus rien à craindre des tentations, à moins que je n'aie la témérité de m'y exposer moi-même, puisque du haut de votre Croix, ô Jésus ! vous m'avez donné une protectrice toute-puissante dans votre Mère, et que vous lui avez recommandé de veiller sur moi comme sur un fils confié à la tendresse de son Cœur maternel : *Femme, voilà votre Fils. — Fils, voilà votre Mère. O bienheureuse espérance! ô refuge assuré!* m'écriai-je avec saint Bernard, *la Mère de Jésus est ma Mère, Jésus est donc mon Frère, et je suis frère de Jésus!* Dans mes tentations j'aurai donc recours au cœur de Jésus, mon divin Frère; j'aurai recours au Cœur de Marie, ma divine Mère, et je serai victorieuse de tous mes ennemis.

7° — *Mais délivrez-nous du mal.* — Délivrez nous du péché, le mal souverain; délivrez-nous de la mort dans le péché, et de la damnation qui est le mal éternel. Ce sera lorsque, par ma persévérance, j'aurai consommé l'œuvre de mon salut, que je n'aurai plus aucun mal à craindre, et que je pourrai dire en toute sécurité, avec Jésus expirant: *Tout est consommé.* Mais jusque-là, j'aurai toujours à craindre de mon inconstance et de ma faiblesse, dont je vous prie, Seigneur, par l'intercession de la bienheureuse Marie, Mère de Dieu, toujours Vierge, de vouloir bien me délivrer, ainsi que de tous les maux passés, présents et à venir. Donnez-nous, ô mon Dieu! donnez à votre Eglise la sécurité et la paix. Ame miséricordieuse de mon Jésus, qui êtes descendue dans les limbes pour y consoler les âmes des justes, nous vous supplions d'accorder, par les mérites de ce saint Sacrifice, aux âmes des fidèles qui sont morts, le lieu du rafraîchissement, de la lumière et de la paix.

A LA FRACTION DE L'HOSTIE, AVANT L'AGNUS DEI.

Contemplez l'ouverture du sacré côté duquel découlent l'eau et le sang pour notre justification.

Votre Cœur ouvert par la lance m'invite à la componction, ô divin Jésus ! puisque ce sont mes péchés qui vous ont fait cette cruelle et profonde blessure ; mais cette blessure a été plus cruelle encore pour votre Cœur, ô Marie ! que pour celui de Jésus. « O tendre
» Mère, dirai-je avec saint Bernard,
» c'est bien alors que votre âme sainte
» fut transpercée, suivant la prophétie
» de Siméon. Car la cruelle lance ne
» pouvait atteindre l'âme de Jésus qui
» n'était plus dans son corps, mais vo-
» tre âme était tout entière dans son

» Cœur lorsqu'il fut blessé par le fer du
» soldat. C'est alors que vous avez mé-
» rité le titre de Reine des martyrs,
» parce que vous avez plus souffert que
» tous les martyrs ensemble, et que la
» compassion de l'âme est un plus grand
» supplice que toutes les tortures du
» corps. »

O Marie, qui avez recueilli avec tant
de respect, suivant la tradition, l'eau
et le sang qui découlèrent du sacré côté
entr'ouvert par la lance, daignez m'appliquer les mérites de ce sang adorable
dont vous êtes la dispensatrice, et pu-
rifier mon âme de ses souillures dans
cette eau salutaire.

« Seigneur Jésus, dirai-je encore avec
» sainte Brigitte, je vous en conjure
» par votre sacré Cœur percé par la
» lance, transpercez mon cœur des traits
» de votre divin amour, afin que, mort
» au monde, je vous aime uniquement,
» non de bouche et en parole, mais en
» vérité et en œuvres. »

A L'AGNUS DEI ET A LA COMMUNION.

Contemplez le corps de Jésus-Christ déposé de la Croix et remis à sa Mère, puis embaumé et mis dans le tombeau.

O la plus affligée des mères, quelle était votre douleur lorsque, assise sur le rocher du Calvaire, vous teniez sur vos genoux et dans vos bras le corps sanglant de votre Fils! Vous contempliez successivement sa face meurtrie de soufflets et souillée de crachats, son front percé d'épines, ses yeux éteints, sa bouche entr'ouverte; vous parcouriez des yeux les innombrables plaies dont ce corps divin était couvert; mais vous arrêtiez surtout vos regards sur la large plaie de son sacré côté entr'ouvert par la lance; vous couvriez de vos larmes et de vos baisers maternels ce corps inanimé, et vous le pressiez contre votre Cœur brisé de douleur, parce qu'il était brûlant d'amour. Faites passer dans mon cœur, ô tendre Mère, votre douleur et votre amour, afin que la contrition et la charité le disposent à recevoir dignement le corps et le sang de votre Fils dans la sainte communion.

(Si vous ne faites pas la communion sacramentelle, faites au moins la communion spirituelle, en excitant, dans votre cœur un ardent désir de recevoir réellement l'Eucharistie.)

Suivant la pieuse tradition, vous avez aidé, ô Mère affligée, Joseph d'Arimathie et Nicodème à ensevelir et à embaumer le corps de votre Fils. Permettez-moi, ô ma tendre Mère, d'offrir à Jésus les dispositions de votre Cœur, en supplément à celles qui me manquent. Que ne puis-je, en ce moment où il daigne descendre dans mon cœur pour y recevoir une nouvelle sépulture, le lui offrir renouvelé par la pénitence ! Que ne puis-je représenter les suaires de fin lin par la pureté de ma conscience ; la myrrhe et l'aloès, par la mortification intérieure et extérieure ; la bonne odeur des parfums, par la sainteté et l'édification de ma vie ; la pierre, les scellés et les gardes du sépulcre, par ma vigilance ! Faites-moi participer, ô Marie ! aux sentiments dont votre Cœur était pénétré au moment de l'incarnation du Verbe dans votre chaste sein, et à la ferveur de vos communions, lorsque vous assistiez à l'auguste sacrifice de la Messe célébrée dans votre maison par le disciple bien-aimé, votre fils adoptif.

DE LA POST COMMUNION A LA FIN DE LA MESSE.

Contemplez Marie occupée, pendant que le corps de Jésus repose dans le tombeau, à repasser, dans sa cellule solitaire, les mystères de la Passion, en attendant que son Fils ressuscité vienne la consoler par sa présence.

Ce ne fut qu'avec peine, ô Marie! que vous vous éloignâtes du sépulcre où vous aviez déposé le corps adorable de votre Fils; ce n'est qu'avec peine aussi que je m'éloignerai des saints autels où je l'ai vu offert pour moi en sacrifice, et de la table sainte où j'ai eu le bonheur de le recevoir dans l'Eucharistie. Mais, en vous retirant du Calvaire, vous laissiez votre Cœur dans le sépulcre uni à celui de Jésus, pendant que votre âme accompagnait son âme sainte dans les limbes. O Dieu des vertus! je désire aussi que mon âme soit toujours unie à votre âme sainte ; en me retirant de votre temple, je veux laisser mon cœur dans le tabernacle où vous êtes nuit et jour présent pour mon amour. Ange saint, que Dieu m'a donné pour guide, veuillez tenir ma place au pied des autels, afin d'y continuer, en mon nom, l'hommage de mes actions de grâces pour les bienfaits sans nombre dont j'ai été comblée.

Je vous offre spécialement, ô mon Dieu ! en reconnaissance du bienfait de cette Messe et de cette communion, les actions de grâces du Cœur de Jésus le jour de l'institution de l'Eucharistie, et les actions de grâces du Cœur de Marie après l'Incarnation du Verbe et après ses ferventes communions.

Avec l'âme de Marie, *mon âme glorifie le Seigneur*, et, en union à son esprit, *mon esprit tressaille en Dieu mon Sauveur, parce que le Tout-Puissant a fait aussi pour moi de grandes choses ; que son saint nom en soit à jamais béni !*

Bénissez-moi, ô Jésus ! comme vous

bénîtes votre Mère en lui apparaissant après votre résurrection ; bénissez-moi comme vous bénîtes tous vos disciples réunis avec votre Mère sur la montagne des Olives, le jour de votre Ascension. Bénissez-moi, Cœurs sacrés de Jésus et de Marie, qui êtes la source de toutes les bénédictions ; faites-moi la grâce de conserver jusqu'à la fin les fruits précieux du sacrifice du Calvaire qui vient d'être représenté et renouvelé d'une manière non sanglante sur cet autel.

O Jésus ! faites-moi la grâce de persévérer dans votre amour et de conserver jusqu'à la fin le fruit des Messes que j'entends et des communions que j'ai le bonheur de faire, afin qu'à votre dernier avénement, placé à votre droite avec vos élus, je mérite d'entendre ces paroles de bénédiction éternelle : *Venez, les bénis de mon Père, posséder le royaume des Cieux qui vous a été préparé dès le commencement du monde.* C'est la grâce que je vous demande par l'intercession du Cœur immaculé de Marie, votre Mère et la mienne.

VÊPRES DU DIMANCHE.

Psaume 109.

Dixit Dominus domino meo : * Sede à dextris meis.

Donec ponam inimicos tuos : * scabellum pedum tuorum.

Virgam virtutis tuæ emittet Dominus ex Sion : * dominare in medio inimicorum tuorum.

Tecum principium in die virtutis tuæ, in splendoribus sanctorum : * ex utero antè luciferum genui te.

Juravit Dominus, et non pœnitebit eum : * tu es sacerdos in æternum secundum ordinem Melchisedech.

Dominus à dextris tuis : * confregit in die iræ suæ reges.

Judicabit in nationibus, implebit rui-

nas : * conquassabit capita in terra mul-
torum.

De torrente in via bibet : * proptereà
exaltabit caput.

Gloria Patri, etc.

Ant. Dixit Dominus Domino meo : *
Sede à dextris meis.

PSAUME 110.

Confitebor tibi, Domine, in toto corde
meo : * in concilio justorum et congre-
gatione.

Magna opera Domini, * exquisita in
omnes voluntates ejus.

Confessio et magnificentia opus ejus : *
et justitia ejus manet in sæculum sæculi.

Memoriam fecit mirabilium suorum,
misericors et miserator Dominus : * es-
cam dedit timentibus se.

Memor erit in sæculum testamenti
sui : * virtutem operum suorum annun-
tiabit populo suo.

Ut det illis hæreditatem gentium : *
opera manuum ejus veritas et judicium.

10

Fidelia omnia mandata ejus, confirmata in sæculum sæculi : * facta in veritate et æquitate.

Redemptionem misit populo suo : *
mandavit in æternum testamentum
suum.

Sanctum et terribile nomen ejus : *
initium sapientiæ timor Domini.

Intellectus bonus omnibus facientibus
eum : * laudatio ejus manet in sæculum
sæculi.

Gloria Patri, etc.

Ant. Fidelia omnia mandata ejus, *
confirmata in sæculum sæculi.

PSAUME 111.

Beatus vir qui timet Dominun : * in
mandatis ejus volet nimis.

Potens in terra erit semen ejus : * ge-
neratio rectorum benedicetur.

Gloria et divitiæ in domo ejus : * et
justitia ejus manet in sæculum sæculi.

Exortum est in tenebris lumen rec-
tis : * misericors et miserator, et justus.

Jucundus homo qui miseretur et commodat, disponet sermones suos in judicio : * quia in æternum non commovebitur.

In memoria æterna erit justus : * ab auditione mala non timebit.

Paratum cor ejus sperare in Domino, confirmatum est cor ejus : * non commovebitur donec despiciat inimicos suos.

Dispersit, dedit pauperibus, justitia ejus manet in sæculum sæculi : * cornu ejus exaltabitur in gloria.

Peccator videbit et irascetur, dentibus suis fremet et tabescet : * desiderium peccatorum peribit.

Gloria Patri, etc.

Ant. In mandatis ejus volet nimis.

Psaume 112.

Laudate, pueri, Dominum : * laudate nomen Domini.

Sit nomen Domini benedictum : * ex hoc nunc et usquè in sæculum.

A solis ortu usque ad occasum : * laudabile nomen Domini.

Excelsus super omnes gentes Dominus : * et super cœlos gloria ejus.

Quis sicut Dominus Deus noster : *
qui in altis habitat, et humilia respicit
in cœlo et in terra ?

Suscitans à terra inopem : * et de
stercore erigens pauperem.

Ut collocet eum cum principibus : *
cum principibus populi sui.

Qui habitare facit sterilem in domo : *
matrem filiorum lætantem.

Gloria Patri, etc.

Ant. Sit nomen Domini benedictum
in sæcula.

PSAUME 113.

In exitu Israël de Ægypto : * domûs
Jacob de populo barbaro.

Facta est Judæa sanctificatio ejus : *
Israël potestas ejus.

Mare vidit et fugit : * Jordanis conversus est retrorsùm.

Montes exultaverunt ut arietes : * et
colles sicut agni ovium.

Quid est tibi, mare, quod fugisti : *
et tu, Jordanis, quia conversus es retrorsùm ?

Montes exultastis sicut arietes : * et colles sicut agni ovium ?

A facie Domini mota est terra : * à facie Dei Jacob.

Qui convertit petram in stagna aqua-rum : * et rupem in fontes aquarum.

Non nobis, Domine, non nobis : * sed nomini tuo da gloriam.

Super misericordia tua et veritate tua, nequando dicant gentes : * Ubi est Deus eorum ?

Deus autem noster in cœlo : * omnia quæcumque voluit fecit.

Simulacra gentium argentum et au-rum : * opera manuum hominum.

Os habent et non loquentur : * oculos habent et non videbunt.

Aures habent, et non audient : * nares habent, et non odorabunt.

Manus habent, et non palpabunt; pe-des habent, et non ambulabunt : * non clamabunt in gutture suo.

Similes illis fiant qui faciunt ea : * et omnes qui confidunt in eis.

Domus Israël speravit in Domino : " adjutor eorum et protector eorum est.

Domus Aaron speravit in Domino : *
adjutor eorum et protector eorum est.

Qui timent Dominum, speraverunt in
Domino : * adjutor eorum et protector
eorum est.

Dominus memor fuit nostrî : * et benedixit nobis.

Benedixit Domui Israël : * benedixit
domui Aaron.

Benedixit omnibus qui timent Dominum : * pusillis cum majoribus.

Adjiciat Dominus super vos : * super
vos et super filios vestros.

Benedicti vos à Domino : * qui fecit
cœlum et terram.

Cœlum cœli Domino : * terram autem
dedit filiis hominum.

Non mortui laudabunt te, Domine : *
neque omnes qui descendunt in infer-
num.

Sed nos qui vivimus, benedicimus
Domino : * ex hoc nunc et usque in sæculum.

Ant. Nos qui vivimus, benedicimus
Domino.

CAPITULE.

Benedictus Deus, et Pater Domini nostri Jesu Christi, Pater misericordiarum, et Deus totius consolationis, qui consolatur nos in omni tribulatione nostra. — R̸. Deo gratias.

HYMNE.

Lucis Creator optime,
Lucem dierum proferens,
Primordiis lucis novæ
Mundi parans originem.

Qui manè junctum vesperi,
Diem vocari præcipis,
Tetrum chaos illabitur,
Audi preces cum fletibus.

Ne mens gravata crimine,
Vitæ sit exul munere,
Dùm nil perenne cogitat,
Seseque culpis illigat.

Cœlorum pulset intimum
Vitale tollat præmium,
Vitemus omne noxium,
Purgemus omne pessimum.

Præsta, Pater piissime,
Patrique compar unice,
Cum spiritu paracleto,
Regnans per omne sæculum.
Amen.

CANTIQUE DE LA SAINTE VIERGE.

(Luc, 1.)

Magnificat : * anima mea Dominum.

Et exultavit spiritus meus : * in Deo salutari meo.

Quia respexit humilitatem ancillæ suæ : * ecce enim ex hoc beatam me dicent omnes generationes.

Quia fecit mihi magna qui potens est : * et sanctum nomen ejus.

Et misericordia ejus à progenie in progenies : * timentibus eum.

Fecit potentiam in brachio suo : * dispersit superbos mente cordis sui.

Deposuit potentes de sede : * et exaltavit humiles.

Esurientes implevit bonis : * et divites dimisit inanes.

Suscepit Israël puerum suum : * re-
cordatus misericordiæ suæ.

Sicut locutus est ad patres nostros : *
Abraham et semini ejus in sæcula.

Gloria Patri, etc.

ANTIENNES A LA SAINTE VIERGE.

—

Sub tuum præsidium confugimus,
Sancta Dei Genitrix ; nostras depreca-
tiones ne despicias in necessitatibus
nostris, sed à periculis cunctis libera
nos semper, Virgo gloriosa et benedicta.

Pendant l'Avent.

HEUREUSE Mère du Rédempteur, vous dont l'intercession puissante nous ouvre le Ciel, et nous fait éviter les écueils de	ALMA Redemptoris Mater, quæ pervia cœli Porta manes, et stella maris succurre cadenti,

cette mer orageuse du monde ; aidez de vos prières ce peuple qui veut se relever de ses chutes. Vous qui, par un miracle dont la nature a été étonnée, avez enfanté votre Créateur, en demeurant Vierge avant et après l'enfantement ; vous qui, par le ministère de l'ange Gabriel, avez reçu cette salutation si glorieuse pour vous et si salutaire pour le genre humain, ayez pitié des pécheurs.

Surgere qui curat, populo. Tu quæ genuisti,

Naturâ mirante, tuum sanctum Genitorem :

Virgo priùs ac posterius Gabrielis ab ore

Sumens illud ave, peccatorum miserere.

℣. L'ange du Seigneur a annoncé à Marie qu'elle serait Mère du Sauveur.

℟. Et elle a conçu par l'opération du Saint-Esprit.

℣. Angelus Domini nuntiavit Mariæ,

℟. Et concepit de Spiritu Sancto.

PRIONS. Nous vous supplions, Seigneur, de répandre votre grâce dans nos âmes, afin qu'ayant connu, par la voix de l'ange, l'Incarnation de Jésus-Christ, votre Fils, nous arrivions, par sa Passion et sa Croix, à la résurrection glorieuse. Par le même Jésus-Christ Notre-Seigneur. Ainsi soit-il.

Après l'Avent. Alma, *ci-dessus.*

℣. Vous êtes demeurée vierge et sans tache après votre enfantement.

℟. Mère de Dieu, intercédez pour nous.

℣. Post partum, Virgo, inviolata permansisti.

℟. Dei Genitrix, intercede pro nobis.

PRIONS. O Dieu! qui, en rendant féconde la virginité de la bienheureuse Vierge Marie, avez assuré au genre humain les récompenses du salut éternel, nous vous prions de nous faire éprouver dans nos besoins combien est puissante auprès de vous l'intercession de celle par laquelle nous avons reçu l'auteur de la vie, Jésus-Christ, votre Fils, Notre-Seigneur.

Depuis la Purification jusqu'au jeudi saint.

Nous vous saluons, Reine des Cieux, nous vous saluons, Reine des anges, tige sacrée, d'où est sorti le divin rejeton, qui êtes la porte du ciel et la lumière du monde. Vierge sainte, vous êtes élevée au-dessus de toutes les créatures par la gloire de vos prérogatives. Goûtez votre bonheur, recevez nos hommages, et obtenez-nous grâce et miséricorde auprès de Jésus, votre Fils adorable.

℣. Vierge sainte, obtenez-moi la grâce de vous louer dignement.

℟. Demandez pour moi la force de résister à vos ennemis.

Ave, Regina Cœlorum,
Ave, Domina Angelorum,
Salve, radix, salve, porta,
Ex quâ mundo lux est orta.
Gaude, Virgo gloriosa,
Super omnes speciosa;
Vale, ô valdè decora!
Et pro nobis Christum exora.

℣. Dignare me laudare te, Virgo sacrata.

℟. Da mihi virtutem contrà hostes tuos.

PRIONS. Dieu de bonté, accordez à notre faiblesse les secours de votre grâce ; et comme nous honorons la mémoire de la sainte Mère de Dieu, faites que, par le secours de son intercession, nous ressuscitions de nos iniquités. Nous vous en supplions par le même Jésus-Christ.

Depuis Pâques jusqu'à la Trinité.

Reine du Ciel, entrez dans de saints transports de joie, puisque celui que vous avez eu le bonheur de porter dans votre sein est ressuscité comme il l'avait dit. Demandez pour nous au Dieu vainqueur de la mort la grâce de recueillir les fruits de sa résurrection.

℣. Réjouissez-vous et tressaillez de joie, ô Vierge Marie !

℟. Parce que le

Regina Cœli, lætare, alleluia. Quià quem meruisti portare, alleluia, Resurrexit sicut dixit, alleluia, Ora pro nobis Deum, alleluia.

℣. Gaude et lætare, Virgo Maria, alleluia.

℟. Quia sur-

Seigneur est vraiment ressuscité. | rexit Dominus verè, alleluia.

PRIONS. O Dieu, qui avez bien voulu donner aux hommes une sainte joie pour la Résurrection de votre Fils Jésus-Christ! faites, s'il vous plaît, qu'étant aidés des prières de sa sainte Mère, la Vierge Marie, nous participions à la joie d'une vie éternelle et bienheureuse. Par le même Jésus-Christ Notre-Seigneur. Ainsi soit-il.

Depuis la Trinité jusqu'à l'Avent.

Nous vous saluons, Reine du Ciel, Mère du Dieu de miséricorde. Nous vous saluons, ô vous qui êtes après lui notre vie, notre consolation, notre espérance. Exilés ici-bas comme de malheureux enfants d'Eve, nous élevons vers vous nos voix; nous vous présentons nos soupirs et nos gé- | Salve, Regina, Mater misericordiæ,

Vita, dulcedo et spes nostra, salve.

Ad te clamamus, exules filii Evæ;

Ad te suspiramus, gementes et flentes in hâc lacrymarum valle.

missements dans cette vallée de nos larmes. Soyez donc notre avocate ; jetez sur nous des regards de commisération, et, après l'exil de cette vie, obtenez-nous le bonheur de contempler Jésus, le fruit sacré de vos entrailles, ô Vierge Marie, pleine de clémence, de douceur et de tendresse pour les hommes.

℣. Priez pour nous, sainte Mère de Dieu,

℞. Afin que nous devenions dignes des promesses de Jésus-Christ.

Eia ergo, advocata nostra, illos tuos misericordes oculos ad nos converte.

Et Jesum, benedictum fructum ventris tui, nobis post hoc exilium ostende.

O clemens !
O pia !
O dulcis, Virgo Maria !

℣. Ora pro nobis, sancta Dei Genitrix,

℞. Ut digni efficiamur promissionibus Christi.

PRIONS. Dieu tout-puissant et éternel, qui, par la coopération du Saint-Esprit, avez préparé le corps et l'âme de la glorieuse Vierge Marie pour en faire une

demeure digne de votre Fils, accordez-
nous la grâce, pendant que nous célé-
brons sa mémoire avec joie, d'être délivrés, par son intercession, des maux
présents et de la mort éternelle. Nous
vous en supplions par le même Jésus-
Christ Notre-Seigneur. Ainsi soit-il.

COMPLAINTE A LA VIERGE.

—

STABAT Mater dolorosa,
Juxta crucem lacrymosa,
Dùm pendebat Filius.

Cujus animam gementem,
Contristantem et dolentem,
Pertransivit gladius.

O quam tristis et afflicta
Fuit illa benedicta,
Mater Unigeniti !

Quæ mœrebat, et dolebat,
Et tremebat, cùm videbat
Nati pœnas inclyti.

Quis est homo qui non fleret,
Christi Matrem si videret
In tanto supplicio?

Quis posset non contristari,
Piam matrem contemplari
Dolentem cum Filio?

Pro peccatis suæ gentis,
Vidit Jesum in tormentis,
Et flagellis subditum.

Vidit suum dulcem natum,
Morientem desolatum,
Dùm emisit spiritum.

Eia mater, fons amoris,
Me sentire vim doloris,
Fac ut tecum lugeam.

Fac ut ardeat cor meum,
In amando Christum Deum,
Ut tibi complaceam.

Sancta mater, istud agas,
Crucifixi fige plagas
Cordi meo valide.

Tui nati vulnerati,
Jam dignati pro me pati,
Pœnas mecum divide.

Fac me vere tecum flere,
Crucifixo condolere,
Donec ego vixero.

Juxta Crucem tecum stare,
Te libenter sociare,
In planctu desidero.

Virgo virginum præclara,
Mihi jàm non sis amara;
Fac me tecum plangere.

Fac ut portem Christi mortem,
Passionis ejus sortem,
Et plagas recolere.

Fac me plagis vulnerari,
Cruce hâc inebriari,
Ob amorem Filii.

Inflammatus et accensus,
Per te, Virgo, sim defensus,
In die judicii.

Fac me Cruce custodiri,
Morte Christi præmuniri,
Confoveri gratia.

Quando corpus morietur,
Fac ut animæ donetur.
Paradisi gloria. Amen.

TABLE

Clermont-Ferrand, typ. de Hubler et Dubos.